Forord

Landet i nord

Lengst mot nord, mellom 65 og 71 grader nordlig bredde, ligger de tre fylkene Nordland, Troms og Finnmark. De utgjør landsdelen Nord-Norge.

Nordkapp setter iøynefallende punktum for det europeiske fastlandet i nord, mens Finnmark i øst ligger på linje med St. Petersburg, Kiev, Istanbul og Kairo.

Det meste av Nord-Norge ligger nord for polarsirkelen. Her bor nær en halv million mennesker, eller 10 prosent av landets befolkning, spredt over et areal på mer enn en tredjedel av Fastlands-Norge.

Her har mennesker bodd i minst 7000 år, i en landsdel rik på naturressurser – og med naturen selv som en uvurderlig rikdom. Naturen er vevd inn i deres sinn og virke som lever her, og den gir varige inntrykk og minner for de hundretusener av turister som besøker Nord-Norge hvert år.

Foreword

The Northern Region

Farthest north, between 65 and 71 degrees northern latitude, are the three counties of Nordland, Troms and Finnmark. These represent the region of Northern Norway.

The North Cape is the northernmost point of the European mainland, whilst eastern Finnmark is on the same latitude as St. Petersburg, Kiev, Istanbul and Cairo.

Most of Northern Norway lies north of the Arctic Circle. Almost half a million people live in the region, or approx. 10 percent of the population of the country, spread over an area that covers more than a third of mainland Norway.

The area has been inhabited for almost 7 000 years; it is a region that is rich in natural resources, with nature itself as an invaluable asset. Nature is woven into the minds and lives of those who live here and it offers lasting impressions and memories for the many hundreds of thousands of tourists that visit Northern Norway each year.

Vorwort

Das Land im Norden

Weit im Norden, zwischen 65 und 71 Grad nördlicher Breite, liegen die drei Provinzen Nordland, Troms und Finnmark. Diese bilden zusammen Nordnorwegen.

Das Nordkap ist der spektakuläre Endpunkt des europäischen Festlandes im Norden, während Finnmark im Osten auf einer Linie mit St. Petersburg, Kiew, Istanbul und Kairo liegt.

Der größte Teil Nordnorwegens liegt nördlich des Polarkreises. Hier lebt fast eine halbe Million Menschen, das sind 10 Prozent der Bevölkerung des Landes, verteilt auf über ein Drittel des Gebietes des norwegischen Festlandes.

In diesem Landesteil mit seinen reichen Naturschätzen, wo die Natur selbst einen unschätzbaren Reichtum darstellt, leben seit mindestens 7000 Jahren Menschen. Die Natur ist eng verbunden mit dem Leben und Denken der Bewohner und hinterlässt nachhaltige Eindrücke und Erinnerungen bei den Hunderttausenden von Touristen, die jedes Jahr Nordnorwegen besuchen.

Introduction

Le pays du nord

Le Norvège du Nord, située entre 65° et 71° latitude nord, est formée par les trois départements du Nordland, Troms et Finnmark.

Le Cap Nord met un point spectaculaire au continent européen alors qu'à l'est le Finnmark est sur la même longitude que St. Petersburg, Kiev, Istanbul et Le Caire.

Située principalement au nord du cercle polaire, la Norvège du Nord (environ 500000 habitants,10% de la population) représente • de la partie continentale du territoire national.

Cette région, riche en ressources naturelles, est habitée depuis au moins 7000 ans. Sa nature, qui est en soi sa principale ressource, est dans la peau et l'esprit de ceux qui habitent et travaillent ici. C'est aussi la nature qui procure des moments et des impressions inoubliables aux centaines de millers de touristes qui viennent chaque année visiter la Norvège du Nord.

Arktiske Norge

Arctic Norway - Das arktische Norwegen - La Norvège arctique

Nord-Norge-porten står tvers over E6 ved fylkesgrensen mellom Nord-Trøndelag og Nordland litt sør for Majavatn. Nordlysflammer i en bue forteller veifarende sørfra at nå kjører de inn i Nord-Norge. Noen kilometer lenger, og man er framme på Majavatn, en inngangsport til naturparken Børgefjell i grenselandet mot Sverige. Fra Oslo til Majavatn er det omkring 820 km. Fortsatt er det 1560 km igjen før man når Kirkenes.

The Northern Norway portal spans the E6 highway at the county border between Nord-Trøndelag and Nordland, just south of Majavatn. The Northern Lights in a flowing arc indicate to travellers from the south that they are entering Northern Norway. A few kilometres further on, at Majavatn, is the entrance portal to the Børgefjell nature park and the border with Sweden. The distance from Oslo to Majavatn is approx. 820 km. Still 1 560 km to go before reaching Kirkenes.

Das Nordnorwegen-Tor steht quer über der E6 an der Provinzgrenze zwischen Nord-Trøndelag und Nordland. Ein Bogen aus Nordlichtflammen erzählt den von Süden Kommenden, dass sie nun nach Nordnorwegen hineinfahren. Ein paar km weiter kommt man nach Majavatn, dem Tor zum Naturpark Børgefjell an der Grenze zu Schweden. Von Oslo nach Majavatn sind es etwa 820 km, danach immer noch 1560 km bis Kirkenes.

Ce portail est installé sur la route E6 marquant la limite départementale entre Nord-Trøndelag et Nordland juste au sud de Majavatn. Les flammes de l'aurore boréale annoncent aux voyageurs venant du sud qu'ils entrent dans la Norvège du Nord. À quelques kilomètres plus au nord le lac Majavatn est l'entrée de parc naturel de Børgefjell dans la région frontalière avec la Suède. Majavatn étant à 820km d'Oslo il reste encore 1560 km jusqu'á Kirkenes.

Litt sør for Sandnessjøen ligger Alstahaug med middelalderkirka, prestegården og Petter Dass-monumentet godt synlig mot skipsleia. Petter Dass var prest her fra 1689 til 1704, og inntok en helt spesiell plass i samtid og ettertid som en av barokkens største diktere i Norge. De kulturhistoriske bygningene er vernet og supplert med en museumsbygning, tegnet av arkitektfirmaet Snøhetta. Her arrangeres Petter Dass-dager med utstillinger, konserter og litterære innslag.

Just south of Sandnessjøen is Alstahaug, with its church from the Middle Ages, the rectory and Petter Dass monument easily visible from the sea. Petter Dass was the priest here from 1689 to 1704. He is recognised as one of the greatest poets of the baroque era in Norway. The historic buildings are complemented with a museum, designed by the architects Snøhetta. Petter Dass festivals are arranged here with exhibitions, concerts and literary programs.

Südlich von Sandnessjøen liegt Alstahaug mit seiner Mittelalterkirche, dem Pfarrhof und dem Petter Dass Monument, gut sichtbar vom Schifffahrtsweg. Petter Dass war hier Pfarrer von 1689 bis 1704 und gilt als bedeutendster Barockdichter Norwegens. Das historische Kulturdenkmal wurde durch ein Museum ergänzt, entworfen von der Firma Snøhetta. Hier finden die Petter Dass Tage statt mit Ausstellungen, Konzerten und Literaturveranstaltungen.

Un peu au sud de Sandnessjøen se trouve Alstahaug avec son église du moyen-âge, son presbytère et le monument au poète Petter Dass (pasteur ici de 1689 à 1704) bien visible de la voie maritime. Il conquit une place particulière dans son époque et dans l'histoire comme l'un des plus grands poètes baroques de Norvège. Aujourd'hui ces bâtiments culturels sont classés et complétés par un musée, dessiné par le bureau d'architectes Snøhetta. À noter : les Journées Petter Dass avec expositions, concerts et évènements littéraires.

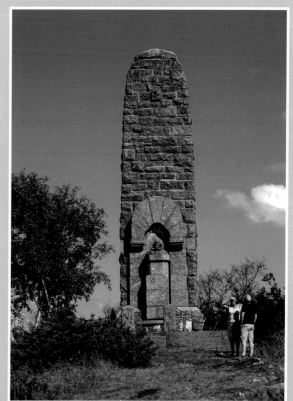

5

Mosjøen er plassert nøyaktig midt i Norge. I Sjøgata, langs elva Vefsna, ligger Nord-Norges lengste sammenhengende trehusbebyggelse fra 1800-tallet. Den vernede bebyggelsen er tatt godt vare på. Her finner man bolighus, boder og brygger med gallerier, håndverk og små butikker som passer til dette unike miljøet. Ellers er det moderne Mosjøen preget av industri, med aluminiumsverket som den tyngste aktør.

Mosjøen is located in the exact centre of Norway. On Sjøgata, along the Vefsna River, is Northern Norway's longest contiguous area of wooden houses from the 1800s. The buildings have been carefully preserved, with dwellings, shops and wharfs, galleries, handicraft studios and small stores that blend in perfectly with the unique environment. The more modern Mosjøen is an industrial town, with the aluminium smelting plant as the largest enterprise.

Mosjøen liegt genau in der Mitte Norwegens. In der Sjøgata am Fluss Vefsna steht der größte Holzbaukomplex Nordnorwegens aus dem 19. Jh. Das geschützte Anwesen wird gut in Stand gehalten mit Wohnhaus, Schuppen, Brücken, Galerien, Werkstätten und kleinen Läden, die in dieses Milieu passen. Im übrigen wird das moderne Mosjøen von der Industrie geprägt, mit dem Aluminiumwerk als Schwerpunkt.

Mosjøen se trouve exactement au centre de la Norvège. Dans et autour de Sjøgata sur la rivière Vefsna se trouve tout un quartier classé en bois du XIXè : maisons d'habitation, magasins, quais avec des galleries, des artisans et de petites échopes qui s'intègrent harmonieusement dans cet environnement unique. Par ailleurs on trouve la partie moderne de Mosjøen avec son industrie et surtout l'immense usine d'aluminium, son acteur principal.

Mo innerst i Ranafjorden var i eldre tider et viktig handelssentrum på Helgeland. Meyergården, nå hotell, (nederst foregående side) var i sin tid sete for ett av Nord-Norges største private handelsforetak. I 1946 startet en gigantisk statlig industrisatsing i Mo, med Norsk Jernverk som hjørnesteinsbedrift. Folketallet vokste utrolig fort. Litt nord for Mo ligger Grønligrotta, Norges mest kjente kalksteinsgrotte med fosser og stryk i en underjordisk elv, og Setergrotta, også den med underjordisk elv, i tillegg til gigantiske haller, jettegryter og spektakulære formasjoner.

Mo, innermost in Ranafjorden, in olden times, was an important Viking trade centre in Helgeland. Meyergården, which is now a hotel (bottom of previous page), was at one time the seat of Northern Norway's largest private trading company. In 1946, a gigantic state industry was established in Mo, with Norsk Jernverk as a cornerstone company. The population grew incredibly quickly. Just north of Mo is Grønligrotta, Norway's best known limestone grotto which contains waterfalls and rapids in underground rivers, and Setergrotta, which is also an underground river, with enormous halls, potholes and spectacular formations.

Mo am Ende des Ranafjords war einst ein wichtiges Handelszentrum in Helgeland. Das heutige Hotel Meyergården (ganz unten vorige Seite) war einst der Sitz des größten Handelsunternehmens in Nordnorwegen. 1946 begann eine gigantische Privatisierung staatlicher Industrie in Mo, der Hauptbetrieb war das norwegische Eisenwerk. Die Einwohnerzahl nahm schnell zu. Nördlich von Mo liegt die Grønligrotte, Norwegens bekannteste Kalksteingrotte mit Wasserfällen und unterirdischem Fluss wie auch in der Setergrotte, dazu riesige Hallen und spektakuläre Formationen.

La ville de Mo à la tête du fjord de Rana fut d'antan un centre commercial important du Helgeland. Le bâtiment de Meyergården Hotel, (au bas de la page précédente) fut le siège de l'une des plus grandes compagnies commerciales privées de la province. 1946 fut le départ d'un essor industriel étatique géant à Mo, avec Norsk Jernverk comme entreprise clé. Le nombre d'habitants s'accrut très vite. Juste au nord se trouvent deux célèbres grottes calcaires: Grønligrotta avec son torrent sous-terrain, cascades et chutes et Setergrotta avec torrent sous-terrain, halles géantes, marmites de géants et formations rocheuses spectaculaires.

9

Nordnorsk fisk har vært et viktig eksportprodukt i tusen år. Landjorda gir også råvarer i verdensklasse, på grunn av spesielle vekstforhold i en lys sommer. Gjennom sammenslutningen Arktisk Meny satser en rekke spisesteder over hele landsdelen på å ta vare på og videreutvikle nordnorske mattradisjoner. Kjøkkensjef Svein Jæger Hansen (t.h.) ved Meyergården Hotell i Mo er blant de mange kokkene som helhjertet tar del i dette arbeidet og gjerne henter råstoffer i det lokale miljø.

Fish from Northern Norway has been an important export product for thousands of years. The land also produces first class raw materials, due to the special growth conditions in the light summers. Through the organisation Arktisk Meny, a number of restaurants in the region have begun to preserve and develop Northern Norwegian culinary traditions. Chef Svein Jæger Hansen (right) from the Meyergården Hotel in Mo is one of the many chefs who have become engaged in this project and he generally obtains raw materials from the local area.

Nordnorwegischer Fisch ist seit 1000 Jahren ein wichtiges Exportprodukt. Auch das Land liefert wegen der besonderen Bedingungen im hellen Sommer erstklassige Produkte. Durch den Zusammenschluss unter dem Namen Arktisk Meny setzen viele Restaurants auf nordnorwegische traditionelle Gerichte und entwickeln sie weiter. Der Küchenchef Svein Jæger Hansen (rechts) im Hotel Meyergården in Mo ist einer von denen, die mit ganzem Herzen dabei sind und gern lokale Produkte verwenden.

Depuis mille ans le poisson de la Norvège du Nord est un produit important d'exportation mais la terre donne aussi des matières premières de classe mondiale à cause des conditions speciales de clarté estivale. À travers l'assosiacion Arktisk Meny de nombreux restaurants veulent garder et développer les traditions culinaires régionales. Le chef Svein Jæger Hansen (à droite) de l'Hôtel Meyergården à Mo est parmi les nombreux cuisiniers enthousiastes qui utilisent volontiers des matières premières de l'environnement local.

Blant de mange iøynefallende fjellformasjoner langs den nordnorske kyst inntar Torghatten (258 moh) en særstilling. Midt oppe i fjellsida på øya Torget like sør for Brønnøysund er det et rektangulært hull, 160 m langt, 20 m bredt og 35 m høyt. På en godt opparbeidet sti kan man gå dit opp på omkring 20 minutter. Hullet ble sannsynligvis skapt av vann, kanskje i kombinasjon med seigflytende is, under stort trykk og i stor hastighet i fjerne tider da opp til 1000 meter is dekket Torghatten. En mer folkelig forklaring er at det ble til da kongen i Sømnafjellet kastet hatten sin for å stanse en pil som den forsmådde frieren Hestmannen skjøt mot Lekamøya. Pila gikk tvers gjennom hatten. Så rant sola, og aktørene ble til stein.

Among the many distinctive mountain formations along the Northern Norwegian coast, Torghatten (258 m) is unique. On the mountainside on the island of Torget just south of Brønnøysund, there is a rectangular hole, 160 m in length, 20 m wide and 35 m high. It is possible to walk up to Torghatten along a well-marked path in approximately 20 minutes. The hole was most likely created by water, and/or slow-flowing ice under immense pressure, in olden times when up to 1 000 m of ice covered Torghatten. However, the popular legend is that the King of Sømnafjellet threw his hat to stop an arrow that the jilted suitor Hestmannen had fired at Lekamøya. The arrow went straight through the hat. Then the sun rose, and all were turned to stone.

Unter all den auffälligen Bergen an der nordnorwegischen Küste nimmt der Torghatt (258 m ü M) eine Sonderstellung ein. Mitten in der Felswand auf der Insel Torget südlich von Brønnøysund befindet sich ein rechteckiges Loch, 160 m lang, 20 m breit und 35 m hoch. Auf einem bequemen Weg kann man in 20 Minuten dorthin gelangen. Das Loch wurde wahrscheinlich vom Wasser in Kombination mit zähfließendem Eis unter starkem Druck und hoher Geschwindigkeit geschaffen, als der Torghatt einst von 1000 m dickem Eis bedeckt war. Die Sage erzählt allerdings, dass es entstand, als der König vom Sømnafjell mit seinem Hut den Pfeil des verschmähten Freiers Hestmann abfing, den der auf Lekamøy abgeschossen hatte. Der Pfeil ging quer durch den Hut. Da ging die Sonne auf und alle Beteiligten wurden zu Stein.

Parmi les nombreuses formations montagneuses remarquables le long de la côte, ladite Torghatten ou Chapeau de Torg (alt. 258 m) est d'exception. En pleine montagne sur l'île de Torget, au sud de Brønnøysund se trouve un trou rectangulaire (L:160 x l:20 x h:35m) accessible en 20 min par un bon sentier. Il fut probablement façonné par l'eau, peut-être en combinaison avec de la glace en mouvement, sous haute pression et à grande vitesse. Cela eut lieu il y a très longtemps lorsque Torghatten était recouvert d'un glacier d'environ 1000 mètres d'épaisseur. Une explication plus folklorique est néanmoins que ce trou apparut quand le Roi de Sømnafjell lança son chapeau pour arrêter une flèche tirée par le prétendant Hestmannen contre la Vierge de Leka pour l'avoir reconduit. La flèche traversa le chapeau puis le soleil se leva et ils furent tous pétrifiés.

Den som kommer sjøveien fra sør, når fram til Nord-Norge etter at øya Leka i Nord-Trøndelag er passert. Ute i havet, 200 km fra Helgelandskysten, ligger det store olje- og gassfeltet Norne med produksjon fra oppankret spesialskip. Oljen hentes av tankskip, mens gassen går i rørledning til Rogaland for eksport til kontinentet. Feltet betjenes fra baser i Helgelands-byene Brønnøysund (under) og Sandnessjøen (t.v.).

Those sailing from the south reach Northern Norway just after passing the island of Leka in Nord-Trøndelag. Out in the ocean, 200 km from the Helgeland coast, is the huge Norne oil and gas field, with production from anchored drill ships. The oil is pumped on to tanker ships, whilst the gas is fed through pipelines to Rogaland for export to the continent. The field is serviced from bases in the Helgeland towns of Brønnøysund (below) and Sandnessjøen (left).

Auf dem Seeweg von Süden erreicht man Nordnorwegen, wenn man die Insel Leka in Nord-Trøndelag passiert hat. Draußen im Meer, 200 km vor der Helgelandsküste, liegt das große Öl- und Gasfeld Norne, das mit Hilfe eines verankerten Spezialschiffs ausgebeutet wird. Das Öl wird von Tankschiffen abgeholt, das Gas durch Rohrleitungen nach Rogaland geleitet für den Export zum Kontinent. Brønnøysund (unten) und Sandnessjøen (links) bedienen das Feld.

Par la mer on entre dans la Norvège du Nord à l'île de Leka au Nord-Trøndelag. Au grand large, à 200 km de la côte de Helgeland, se trouve l'énorme champ pétrolifère de Norne. Des navires à l'ancre y assurent la production, les pétroliers viennent y charger directement alors que le gaz est acheminé par gazoduc jusqu'à Rogaland pour être exporté vers le continent. Norne est approvisionnée à partir de Brønnøysund (dessous) et Sandnessjøen (à gauche).

På øya Alsten i Nordland står syv fjelltopper på rad, den høyeste på 1072 meter over havet. De har fått navnet De syv søstre, og er et godt synlig landemerke på Helgelandskysten. Det går merkete løyper opp til hver topp og fra den ene toppen til den andre for turgåere som vil oppsøke hver enkelt av søstrene. Blant nordnorske sagn har De syv søstre en stor plass, med flere varianter hvor andre kjente fjell som Vågakallen, Hestmannen, Suliskongen, Skarsfjellgubben, Dønnamannen, Lekamøya, Landegode og Torghatten er tildelt roller i storslåtte tilblivelseshistorier fra en mytisk fortid.

On the island of Alsten in Nordland, seven mountain peaks stand in a row; the highest is 1 072 m above sea level. They are known as the "Syv Søstre" (Seven Sisters) and they are an easily visible landmark along the Helgeland coast. There are marked trails up to each peak and from one peak to the next for hikers who wish to visit each "sister". The Syv Søstre feature frequently in Northern Norwegian myths, with several variations in which other well-known mountains such as Vågakallen, Hestmannen, Suliskongen, Skarsfjellgubben, Dønnamannen, Lekamøya, Landegode and Torghatten feature in various roles in an epic story from the mystical past.

Auf der Insel Alsten in Nordland stehen sieben Berge in einer Reihe, der höchste 1072 m ü M. Man nennt sie „Die sieben Schwestern", eine gut sichtbare Landmarke an der Helgelandküste. Auf jeden der sieben Gipfel führt ein markierter Weg hinauf und auch von einem zum andern. Im nordnorwegischen Sagenschatz nehmen die sieben Schwestern einen bedeutenden Platz in vielen Varianten ein, in denen so bekannte Berge wie Vågakallen, Hestmannen, Suliskongen, Skarsfjellgubben, Dønnamannen, Lekamøya, Landegode und Torghatten ihre Rolle spielen, großartige Geschichten aus einer mytischen Vorzeit.

Sur l'île Alsten au Nordland il y a sept sommets alignés baptisés les Sept Sœurs (jusqu'á 1072m d'altitude) bien visibles de la voie maritime. Des sentiers balisés permettent aux randonneurs de faire chaque cîme et aux plus aguerris d'aller visiter chacune des sœurs. La saga des Sept Sœurs occupe, avec ses nombreuses variantes, une place prépondérante dans le folklore local où d'autres montagnes célèbres comme Vågakallen, Hestmannen, Suliskongen, Skarsfjellgubben, Dønnamannen, Lekamøya, Landegode et Torghatten jouent des rôles importants dans de grandioses sagas de genèse sortis d'un passé mythologique.

I Nord-Norge kan man i klart vær se midnattssola fra polarsirkelen og nordover. Midnattssol er det når hele solskiva på det laveste fortsatt er over horisonten klokka 24.00. Nordkapp har midnattssol fra 13. mai til 29. juli. Ved polarsirkelen kan den ses fra 12. juni til 1. juli. Bildet over viser midnattssol over Træna. Øverst til høyre ser vi solgangen i kvelds- og nattetimene ved Nordkapp.

In Northern Norway, in clear weather, it is possible to see the midnight sun north of the Arctic Circle. The midnight sun occurs when the entire solar disc is visible above the horizon at 24.00. The North Cape has the midnight sun from 13th May to 29th July. At the Arctic Circle it can be seen from 12th June to 1st July. The picture above shows the midnight sun over Træna. Above, right, is the sun's path through the evening and night at the North Cape.

In Nordnorwegen kann man bei klarem Wetter ab dem Polarkreis nordwärts die Mitternachtssonne sehen. Dazu muss die Sonnenscheibe auch bei tiefstem Stand um 24 Uhr über dem Horizont stehen. Am Nordkap scheint die Mitternachtssonne vom 13. Mai bis 29. Juli, am Polarkreis vom 12. Juni bis 1. Juli. Oben: Mitternachtssonne über Træna, oben rechts: Lauf der Sonne am Nordkap.

À partir du cercle polaire et vers le nord on peut observer par temps clair le soleil de minuit. C'est à dire lorsque le disque solaire entier, à son périgée (à minuit), se trouve toujours au-dessus de la ligne d'horizon. Il y a soleil de minuit au Cap Nord à partir du 13. mai au 29 juillet. Au cercle polaire il se produit du 12 juin au 1er juillet. La photo montre le soleil de minuit au-dessus de Træna. En haut à droite on voit le coucher du soleil au Cap Nord.

Like ved E6 midt oppe på Saltfjellet ligger Polarsirkelsenteret med kafeteria og gave- og suvenirbutikk. I kinoen vises multivisjonsprogrammet "Welcome to the Arctic". En sti av marmor tvers gjennom senteret markerer at her går den nordlige polarsirkelen på 66° 33". På postkontoret blir en anselig mengde kort påført stempelet 8635 Polarsirkelen før de sendes ut til mottakere over hele verden. De mange små steinvardene rundt senteret er bygd av turister som ønsker et varig minne om passeringen av polarsirkelen.

Close to the E6 highway, on Saltfjellet is the Arctic Circle Centre with a cafeteria and gift and souvenir shop. The cinema shows the multivision program "Welcome to the Arctic ". A marble path through the centre marks the fact that the centre stands on the Arctic Circle at 66° 33". At the centre's post office, a huge number of cards are stamped "8635 Polarsirkelen" before being sent to recipients all over the world. The many stone cairns around the centre have been erected by tourists that wished to create a lasting memory of crossing the Arctic Circle.

Direkt an der E6 mitten auf dem Saltfjell liegt das Polarkreiszentrum mit Cafeteria und Souvenirladen. Im Kino zeigt man das Multivisionsprogramm „Welcome to the Arctic". Ein Marmorweg führt mitten durchs Zentrum und markiert den Verlauf des Polarkreises auf 66°33`. Das Postamt verpasst einer ansehnlichen Menge Postkarten den Stempel 8635 Polarkreis, bevor diese in die Welt hinausgehen. Die vielen kleinen Steinwarden haben Touristen errichtet als Erinnerung an ihren Besuch dort.

Sur la route E6 au col de Saltfjellet se trouve *Polarsirkelsenteret* avec cafétéria, poste et boutiques de souvenirs. Le programme « Bienvenue dans l'Arctique » est projeté dans sa salle multivison. Un chemin de marbre traverse le centre pour marquer le cercle polaire à 66° 33" de latitude nord. Énormément de cartes postales sont timbrées *8635 Polarsirkelen* au Bureau de Poste avant d'être expédiées aux destinataires du monde entier. Les nombreux kerns autour du centre ont été érigés par des touristes marquant ainsi leur passage du Cercle Polaire.

En globus på den lille øya Vikingen på Helgelandskysten, midt i skipsleia, markerer at her passerer man polarsirkelen. I bakgrunnen Hestmannøy, hvor Hestmannen reiser seg i 571 meters høyde. Hestmannen er ett av de mange fjellene langs nordlandskysten som er omspunnet med fantasifulle sagn. Enda lenger ute ligger Rødøya med fjellet Rødøyløva. På disse kanter har naturen selv gjennom århundrene inspirert til drøm og dikt.

A globe on the tiny island of Vikingen on the Helgeland coast, in the middle of the shipping channel, marks the point crossing the Arctic Circle. In the background, Hestmannøy, on which Hestmannen rises to 571m above sea level. Hestmannen is one of the many mountains along the Nordland coast that has inspired many a fantastic myth. Even further out is Rødøya with the mountain Rødøyløva. In this area, nature itself has served as inspiration for dreams and poetry.

Ein Globus auf der kleinen Insel Viking mitten im Fahrwasser an der Helgelandküste markiert den Polarkreis. Im Hintergrund die Insel Hestmannøy, auf der sich der Hestmann (Pferdemann) 571 m erhebt. Der Hestmann ist einer der vielen Berge an der Nordlandsküste, der in phantasievolle Sagen eingewoben ist. Weiter draußen liegt Rødøya mit dem Rødøyløva (Rotinsellöwe). Hier lädt die Natur zum Träumen und Dichten ein.

Sur la côte de Helgeland un globe placé en pleine voie maritime sur la petite île de Vikingen marque le passage du cercle polaire. On voit dans le fond l'île de Hestmannøy où domine le mont Hestmannen (571 mètres) associé, comme de nombreux endroits de cette côte, à des sagas fantastiques. Encore plus au large se trouve l'île de Rødøya avec sa montagne le Lion de Rødøy. Dans ces parages la nature elle-même inspire à la poésie.

Av landets 34 isbreer ligger 14 i Nord-Norge. Størst er Svartisen på vestsiden av Saltfjellet. Den er i nyere tid delt i to. Etter det er Vestre Svartisen Norges nest største bre (221 kv. km), og Østre Svartisen den fjerde største (148 kv. km). Gjennom dalfører strekker brearmer seg ned mot sjøen. I Holandsfjorden (øverst t.h.) stanser Engabreen 7 meter over havnivået. Brevandring med erfarne guider er en fargerik opplevelse. Isen har en rekke fargenyanser, fra mørk blått til turkis og blank-hvitt.

Of the country's 34 glaciers, 14 of them are in Northern Norway. The largest is Svartisen on the western side of Saltfjellet. In recent times it has split into two. Consequently, Vestre Svartisen is now Norway's second largest glacier (221 sq. km.) and Østre Svartisen is the fourth largest (148 sq. km.). Glacier arms stretch down towards the sea. In Holandfjorden (top, right), the Engabreen glacier stops 7 metres above the level of the sea. Glacier wandering with experienced guides is a colourful experience – the ice can have a number of colour variations, from dark blue to turquoise and translucent white.

14 von Norwegens 34 Gletschern liegen in Nordnorwegen. Der größte ist der Svartisen westlich des Saltfjells. In neuerer Zeit hat er sich zweigeteilt. Seitdem ist der West-Svartisen Norwegens zweitgrößter Gletscher (221 km²), der Ost-Svartisen der viertgrößte (148 km²). Die Gletscherarme gleiten durch die Täler in Richtung Meer. Am Holandsfjord (ganz oben rechts) endet der Engagletscher 7 m oberhalb des Meeresniveaus. Bei geführten Gletscherwanderungen erlebt man das Farbenspiel des Eises von dunkelblau über türkis bis weiß.

14 des 34 glaciers du pays se trouvent dans la Norvège du Nord. Le plus grand, Svartisen sur la face ouest de Saltfjellet, s'est récemment scindé en deux : Vestre Svartisen (221 km² -2ème), et Østre Svartisen (148 km² - 4ème). Les bras des glaciers se prolongent vers la mer par un système de vallées. Le glacier de Engabreen dans le Holandsfjord (en haut à droite) s'arrête juste à 7m au dessus du niveau de la mer. Les randonnées guidées sur glacier est une aventure passionnante et riche en nuances : du bleu-noir jusqu'au turquoise et le blanc éclatant.

Saltstraumen 32 km øst for Bodø er verdens sterkeste malstrøm. Det trange sundet mellom Saltenfjord og Skjerstadfjord er 3 km langt, på det smaleste 150 m bredt og 31 m dypt. Her passerer nær 400 millioner kubikkmeter vann fire ganger i døgnet. Det dannes strømvirvler på over 10 m i diameter og en dybde på 4-5 m. Naturkreftenes mektige spill kan betraktes fra trygg tilskuerplass på brua, men Saltstraumen er også et eldorado for sportsdykkere og fiskere.

Saltstraumen, 32 km east of Bodø, is the world's most powerful maelstrom. The narrow sound between Saltenfjord and Skjærstadfjorden is 3 km long, but at the narrowest point only 150 m wide and 31 m deep. 400 million cubic metres of water pass through the narrow passage four times every day. Whirlpools over 10 m in diameter and 4-5 m deep are formed. These powerful forces of nature can be observed from safe viewing points on the bridge. Saltstraumen is also an eldorado for sports divers and fishermen.

Der Saltstraum, 32 km östlich von Bodø, ist der stärkste Mahlstrom der Welt. Der enge Sund zwischen Saltenfjord und Skjerstadfjord ist 3 km lang, an der schmalsten Stelle 150 m breit und 31 m tief. Hier fließen vier mal am Tag 400 Millionen km³ Wasser hindurch. Es entstehen Wirbel von mehr als 10 m Durchmesser mit einer Tiefe von 4-5 m. Das machtvolle Spiel der Naturkräfte kann von sicherem Standort auf der Brücke betrachtet werden. Der Saltstraum ist auch ein Eldorado für Sporttaucher und Angler.

Le Saltstraum à 32 km à l'est de Bodø est le maelström le plus puissant du monde. L'estuaire entre Saltenfjord et Skjerstadfjord fait 3 km de long mais seulement 150 m de large et 31 m de profondeur à son point le plus étroit où passent près de 400 millions de m³ d'eau, quatre fois en 24 heures, produisant alors des tourbillons de plus de 10 m de diamètre et profonds de 4-5m. Ce jeu des puissances naturelles peut cependant se voir en toute sécurité depuis les rives et du pont et Saltstraumen. C'est aussi un eldorado pour pêcheurs et plonguers sportifs.

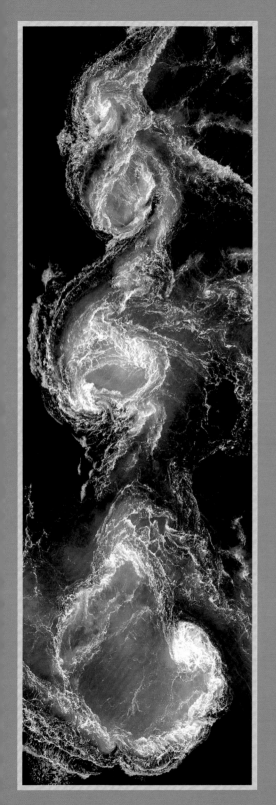

Bodø med 46 500 innbyggere er Nord-
Norges nest største by og administrasjons-
sted for Nordland fylke. Nordlandsbanen
har endepunkt her. Det norske forsvaret
har hovedkvarter på Reitan ved Bodø, og
flystasjonen er Luftforsvarets viktigste base.
Den sivile del av flyplassen ligger noen
minutters kjøring fra sentrum, og veien er
også kort fra sentrum til småbåthavna, en
viktig del av det gode liv i Bodø.

Bodø, population 46 500, is Northern Norway's second largest town and the administrative centre of Nordland county. The Nordlandsbane railway has its end point at Bodø. The Norwegian Defence Forces' headquarters are located near Bodø and the air station is an important Air Force base. The civil part of the airport is just a short drive from the town centre and the marina, a vital part of the attractive life in Bodø, is also just a short stroll away.

Bodø ist mit 46 500 Einwohnern die zweitgrößte Stadt in Nordnorwegen und das Verwaltungszentrum für die Provinz Nordland. Die Nordlandsbahn hat hier ihren Endpunkt. Das norwegische Militär hat sein Hauptquartier in Reitan bei Bodø und der Flughafen ist die wichtigste Basis der Luftabwehr. Der zivile Teil des Flughafens liegt nahe am Zentrum und ebenso die Marina, sehr wichtig für Bodøs Freizeitleben.

Bodø est avec ses 46 500 habitants la 2ème ville de la Norvège du Nord et le centre administratif du département de Nordland. C'est aussi le terminus de la ligne de chemin de fer de Nordland. Reitan près de Bodø est le QG de l'Armée Norvégienne et la base la plus importante de l'Armée de l'Air. La partie civile de l'aéroport se trouve près du centre par la route ainsi que le port de plaisance, une part importante de la belle vie à Bodø.

Over: Øya Landegode like nordvest for Bodø har omkring 40 fastboende. Landegode fyr er gjort om til kurs- og konferansesenter med servering og overnattingsmuligheter.
Til høyre: Norges nasjonale museum for luftfart er en av de store attraksjonene i Bodø. Den unike samlingen av fly forteller både norsk og internasjonal luftfartshistorie.

Above: The island of Landegode, northwest of Bodø, has approx. 40 inhabitants. Landegode lighthouse has been converted into a conference centre with catering and accommodation. Right: Norway's National Aviation Museum is one of the big attractions in Bodø. The unique collection of aircraft tells the story of both Norwegian and international aviation history.

Oben: Die Insel Landegode nordwestlich von Bodø hat ca. 40 Einwohner. Der Leuchtturm von Landegode wurde in ein Kurs- und Konferenzzentrum mit Restauration und Übernachtungsmöglichkeiten umgewandelt. Rechts: Norwegens nationales Luftfahrtmuseum ist eine der großen Attraktionen in Bodø. Die einzigartige Sammlung erzählt norwegische und internationale Fluggeschichte.

En haut: L'île de Landegode au nord-ouest de Bodø compte 40 habitants permanents. Son phare a été transformé en centre de cours et conférences avec restaurant et chambres d'hôtel.
À droite: Le Musée National de l'Air est l'une des attractions principales de Bodø. Sa collection unique d'avions raconte l'histoire du transport aérien national et international.

Steigen er en typisk nordlandsk kystkommune, med fjorder som smyger seg inn mellom øyer og halvøyer, med ruvende fjell som streber mot himmelen og sletteland nede ved sjøen hvor det har vært bosetting gjennom hele Norges historie. Her hadde fiskerne sørfra sin siste stopp før de heiste seil og satte over Vestfjorden til fiskefeltene i Lofoten. På Engeløya bygde tyskerne under den andre verdenskrigen en enorm kanonstilling for å kontrollere skipstrafikken i Vestfjorden.

Steigen is a typical Nordland coastal municipality, with fjords that wind between islands and peninsulas, with towering mountains climbing skywards and plains close to the sea, where people have lived for centuries. Fishermen from the south took their final stop here before they hoisted sail and headed over Vestfjorden to the fishing grounds in Lofoten. On Engeløya, during the Second World War, the German forces constructed a massive gun emplacement to monitor the shipping in Vestfjorden.

Steigen ist eine typische Küstengemeinde in Nordland. Fjorde schmiegen sich zwischen Inseln und Halbinseln, schroffe Berge steigen himmelan, Weideland senkt sich zur Küste hinab, an der die Norweger schon lange siedeln. Hier machten die von Süden kommenden Fischer zum letzten Mal halt, bevor sie über den Vestfjord zu den Fischgründen der Lofoten segelten. Auf Engeløya bauten die Deutschen im 2. Weltkrieg eine enorme Kanonenstellung, um den Schiffsverkehr im Vestfjord zu kontrollieren.

Steigen est une commune côtiere typique du Nordland avec ses fjords qui s'allongent entre les îles et les presqu'îles, ses énormes montagnes qui s'étirent vers le ciel et ses bords de mer plats qui ont été habités tout au long de l'histoire de la Norvège. C'est le dernier arrêt pour les pêcheurs du sud avant de hisser les voiles pour traverser le Vestfjord afin d'atteindre les bancs de pêche des Lofoten. Lors de la 2ème GM les allemands construisirent sur l'île de Engeløya une énorme position de canons pour controller le trafic maritime du Vestfjord.

Hamarøy er dikteren Knut Hamsuns barndomsrike. Til venstre Kråkmotinden og Tranøy fyr. Under: Hamarøyskaftet, en av Nord-Norges mest spesielle fjellformasjoner. Til høyre eksteriør og interiør fra Hamsuns barndomshjem og fra Hamsunsenteret, det internasjonale museet som skal bevare minnet om bygdas store sønn. Det er tegnet av den amerikanske arkitekten Steven Holl. Naustene under er lokal arkitektur i et kystmiljø som preget Hamsun for livet.

Hamarøy is the childhood home of the famous poet and author Knut Hamsun. Left: Kråkmotinden and Tranøy lighthouse.
Below: Hamarøyskaftet, one of Northern Norway's most distinctive mountain formations. Right: Exterior and interior of Hamsun's childhood home and from the Hamsun Centre, the international museum created to preserve the memory of the village's famous son. It was designed by the American architect Steven Holl. The boathouses below are examples of local architecture in the coastal milieu that left a lifelong impression on Hamsun.

In Hamarøy hat der Dichter Knut Hamsun seine Kindheit verbracht. Links der Kråkmotinden und das Leuchtfeuer von Tranøy. Unten: Hamarøyskaft, eine von Nordnorwegens speziellen Bergformationen. Rechts: das Äußere und Innere von Knut Hamsuns Elternhaus und das Hamsunzentrum, das internationale Museum zur Erinnerung an den großen Sohn des Ortes, entworfen von dem Architekten Steven Holl. Die Bootsschuppen zeigen die lokale Architektur des Küstenstreifens, der Hamsun ein Leben lang geprägt hat.

Hamarøy est le royaume d'enfance de l'écrivain Knut Hamsun. À gauche Kråkmotinden et le phare de Tranøy. Dessous: Hamarøyskaftet, l'une des formations montagneuses les plus extraordinaires de la Norvège du Nord. À droite : extérieur et intérieur de la maison d'enfance de Hamsun et vue du Centre Hamsun et son musée international (dessiné par l'architecte américain Steven Holl. Les remises à bateaux dessous sont d'architecture locale dans un environnement côtier qui influença Hamsun pour la vie.

Tysfjord i Nordland skjærer seg inn med flere sidearmer mellom ruvende fjell på opp til 1500 meter. Fra innerste fjordbunn er Norge på sitt smaleste, med 6,3 km i luftlinje over til Sverige. Stetind innerst i Stefjorden er kåret til Norges nasjonalfjell. Den reiser seg loddrett fra havet i en høyde på 1392 meter. Spekkhoggeren, den største av alle delfiner, følger fisken inn i fjorden, og fra båt kan turister på spekkhoggersafari få se de store dyrene på nært hold. Det lulesamiske kultursenteret Árran på Drag, utformet som et sametelt, vitner om at Tysfjord er et samisk kjerneområde.

Tysfjorden in Nordland cuts into the landscape with several side arms between towering mountains of up to 1 500 metres. Innermost in the fjord is the narrowest point of Norway, just 6.3 kilometres from Sweden. Stetind, innermost in Stefjorden, has been crowned Norway's national mountain. It rises vertically from the sea up to a height of 1 392 m. Orca, the largest of the dolphin species, follow the fish into the fjord, and tourists can join Orca safaris and see the large mammals at close quarters. The Lule Sámi cultural centre Árran at Drag, designed in the same shape as a Sámi lavvu, is a reminder of the fact that Tysfjord is a Sámi core area.

Der Tysfjord in Nordland schneidet sich mit mehreren Seitenarmen zwischen schroffe Berge mit Höhen bis zu 1500 m ein. Vom Ende des Fjords sind es nur 6,3 km Luftlinie bis Schweden, dort ist Norwegen am schmalsten. Der Stetind am Ende des Stefjords wurde zu Norwegens Nationalberg erkoren. Er steigt steil aus dem Meer auf 1392 m empor. Der Orka, der größte Delphin, folgt den Fischen in den Fjord, vom Boot aus können Touristen auf Walsafaris die großen Tiere aus der Nähe sehen. Das lulesamische Kulturzentrum Árran in Drag, gestaltet wie ein Samenzelt, zeugt von dem samischen Kerngebiet am Tysfjord.

Les bras du fjord de Tysfjord dans le Nordland se taillent un chemin parmi les énormes montagnes de 1500 metres d'altitude. À la tête du fjord la frontière suédoise n'est qu'à 6,3 km en vol d'oiseau. Le mont Stetind, au bout du Stefjord a été choisi comme montagne nationale. Il s'élève à pic de la mer jusqu'á une hauteur de 1392 metres. L'orque, le plus grand des dauphins, poursuit le menu fretin à l'intérieur du fjord et les touristes peuvent sortir en safari d'orque pour observer ces grands animaux de très près. Le centre culturel lulesami Árran à Drag, façonné comme tente sami, souligne que Tysfjord est une région noyau sami.

I 1902 ble en nybygd jernbane-
linje fra Nord-Sverige åpnet for
transport av svensk jernmalm til
en isfri utskipningshavn innerst
i Ofotfjorden. Slik ble Narvik til.
Senere har malmtogene rullet
over grensen, og Narvik er fort-
satt en betydelig sjøfartsby. Etter
det tyske overfallet på Norge
i 1940 fikk Narvik en plass i
historien som det første stedet
hvor tyskerne led nederlag under
den 2.verdenskrig.

In 1902, a newly-constructed
railway line from Northern
Sweden was opened for the
transport of Swedish iron ore
to the ice-free port innermost
in Ofotfjorden. Thus Narvik was
established. Since that time,
iron ore trains have crossed the
border and Narvik is still a major
shipping town. After the attack
by the German forces in 1940,
Narvik was ensured a place in
history as the first town in which
the Germans suffered defeat
during the Second World War.

1902 wurde eine Eisenbahnlinie
für den Transport von
schwedischem Eisenerz von
Nordschweden zu einem
eisfreien Verschiffungshafen
am Ofotfjord eröffnet. Somit
entstand Narvik. Dann rollten die
Erzzüge über die Grenze. Narvik
ist immer noch eine bedeutende
Hafenstadt. Nach dem deutschen
Überfall 1940 erhielt Narvik
einen Platz in der Geschichte als
erste Stadt, wo die Deutschen
im 2. Weltkrieg eine Niederlage
erlitten.

Un nouveau chemin de fer fut
ouvert en 1902 pour amener
le minerai de fer de la Suède
du Nord à un port libre de
glace toute l'année situé sur
l'Ofotfjord. C'est ainsi qu'est
née Narvik: dès lors les trains
de minerai n'ont pas cessé de
passer la frontière et ce hameau
est devenu une ville maritime
considérable. Après l'invasion
nazie de la Norvège en 1940,
Narvik prit place dans l'histoire
comme le lieu de la première
défaite allemande de la 2ème GM.

I uminnelige tider har torsk fra Barentshavet søkt til Lofoten for å gyte. I minst 1000 år har nordnorske fiskere deltatt i det som har vært verdens rikeste torskefiske. Det var på topp i 1930-årene med over 30 000 tilreisende fiskere. Nå deltar et par tusen. Mange av båtene har teknisk utstyr som tidligere tiders fiskere ikke kunne drømme om, men den mektige naturopplevelse som en soloppgang over lofothavet er, den har fiskerne delt gjennom tusen år.

Since time immemorial, cod from the Barents Sea has come to Lofoten to spawn. For at least 1 000 years, fishermen from Northern Norway have taken part in what has been the world's richest cod fishing. It reached a peak in the 1930s, with over 30 000 travelling fishermen. Now, a couple of thousand take part each season. Modern boats have technology on board that fishermen in former times could only dream of; however the incredible nature experience and the sunrise over the Lofoten sea has been a shared experience for fishermen for thousands of years.

Seit undenklichen Zeiten kommt der Dorsch aus der Barentssee zum Laichen zu den Lofoten. Seit mindestens 1000 Jahren haben nordnorwegische Fischer sich am ergiebigsten Dorschfang der Welt beteiligt. In den 1930ger Jahren kamen ca. 30 000 Fischer hierher, heute nur noch ein paar Tausend, und zwar mit einer Ausrüstung, von der frühere Fischer nur träumen konnten, doch der Sonnenaufgang über der Lofotsee bietet noch immer dasselbe Schauspiel.

Depuis toujours la morue de la Mer de Barentz revient aux Lofoten pour frayer et depuis au moins un millénaire les pêcheurs participent à la plus riche pêche à la morue du monde. À son apogée dans les années 30 on comptait plus de 30 000 pêcheurs saisonniers contre à peine 2000 aujourd'hui. Beaucoup de bateaux ont maintenant un équipement technique de très haut niveau. Les pêcheurs admirent depuis toujours l'aube spectaculaire sur la Mer de Lofoten.

Den som følger E 10 gjennom Lofoten helt til veis ende, får som belønning oppleve Å, et av de best bevarte fiskeværene i hele Norge. Alle de gamle trebygningene er fredet. Rorbuene er stort sett gjort om til gjestehus for turistene. Lofoten Tørrfiskmuseum og Norsk Fiskeværsmuseum gir en levende innføring i lofotfiskets historie, og bakeriet fra 1844 leverer fortsatt ferskt bakverk til turister og fastboende.

Travellers following the E10 highway through Lofoten to its end point are rewarded on arriving in Å, one of the best preserved fishing hamlets in the whole of Norway. Every single old wooden building is listed. Shoreline cabins have mostly been converted into guesthouses for tourists. Lofoten Stockfish Museum and the Norwegian Fishing Village Museum house interesting and educational exhibitions on Lofoten fishing history and culture, and the bakery, established in 1844, still provides fresh baked goods for tourists and residents.

Wer der E 10 über die Lofoten bis zum Ende des Weges folgt, erlebt zur Belohnung Å, eines der am besten bewahrten Fischerdörfer in ganz Norwegen. Alle die alten Holzgebäude stehen unter Denkmalschutz. Die Fischerhütten sind in Gasthütten für Touristen umgewandelt. Das Lofoten Tørrfiskmuseum (Trockenfischmuseum) und das Norsk Fiskeværmuseum (Fischerdorfmuseum) geben eine lebendige Einführung in die Geschichte der Lofotfischerei. Die alte Bäckerei von 1844 liefert weiterhin frisches Backwerk an Touristen und Einheimische.

Celui qui suivra la E10 jusqu'au bout des îles Lofoten saura découvrir Å : le village de pêche le mieux conservé de Norvège. Tous les bâtiments en bois sont classés. La plupart des cabanes de pêcheurs ont été transformées en chambres d'hôtes. Le Musée de la Morue Sèche ainsi que le Musée National des Villages de Pêche offrent une vive introduction à l'histoire des Lofoten, et la boulangerie fournit depuis 1844 du pain frais aux voyageurs et autochtones.

Det gamle handelsstedet og fiskeværet Reine i Lofoten er bygd opp på øyer som er knyttet sammen med bruer. Kjerkfjorden strekker seg 6 km nordover fra Reine, omgitt av en imponerende fjellkjede med tinder fra vel 500 til nær 800 meters høyde. Reine byr på rorbumiljø for turistene. Den tidligere skolen er gjort om til kultursenter og møteplass for kunstnere og kunstinteresserte, med permanent maleriutstilling. Hvert år avvikles Lofoten Internasjonale Litteraturfestival i Reine med "et hav av bøker" – et motto og en målsetting som er det tradisjonsrike fiskeværet verdig.

The old trading post and fishing hamlet Reine in Lofoten is built upon islands connected by bridges. Kjerkfjorden stretches 6 km northwards from Reine, surrounded by an impressive mountain range with peaks from 500 m to approx. 800 m. Reine has shoreline cabins available for hire for tourists. The former schoolhouse has been converted into a cultural centre and a place for artists and art enthusiasts, with a permanent exhibition. Each year, the Lofoten International Literary Festival is held at Reine with a "sea of books" – a motto and a goal that does the traditional fishing hamlet justice.

Das alte Fischer- und Handelszentrum Reine wurde auf mit Brücken verbundenen Inseln erbaut. Der Kjerkfjord erstreckt sich 6 km nördlich von Reine, umgeben von einer imponierenden Bergkette mit Höhen von 500 bis 800 m. Reine bietet den Touristen ein Fischerhüttenmilieu. Die ehemalige Schule wurde in ein Kultur- und Kunstzentrum mit permanenter Gemäldeausstellung umgewandelt. Jedes Jahr findet hier das internationale Literaturfestival der Lofoten statt mit „einem Meer an Büchern", ein Motto, das des traditionsreichen Fischerdorfes würdig ist.

L'ancien marché et village de pêche de Reine aux Lofoten fut construit sur des îles rattachées par des ponts. Le Kjerkfjord, qui s'étire 6 km au nord de Reine, est surplombée à pic par une chaîne de montagnes de 500 à 800 m d'altitude. Reine offre aux touristes un milieu de cabanes de pêcheurs pour les vacances. L'ancienne école à été transformée en centre culturel avec exposition permanente de peintures, et point de rencontre d'artistes. Le Festival International de Littérature des Lofoten est organisé chaque année à Reine avec *"une Mer de livres"* – leitmotiv à la hauteur des riches traditions littéraires de ce joli village de pêche.

Nusfjord i Lofoten er ett av landets best bevarte fiskevær. Mot slutten av 1800-tallet var over 100 rorbuer fylt opp av tilreisende fiskere hver vinter. En del av de gamle rorbuene står fortsatt, og brukes nå av noen av de 60 000 turistene som kommer på besøk hvert år. Tilstrømningen er så stor at man må betale inngangsbillett for å få anledning til å rusle rundt mellom rorbuer, brygger og øvrig bebyggelse i dette unike fiskeværet.

Nusfjord in Lofoten is one of the country's best preserved fishing hamlets. In the late 1800s over 100 shoreline cabins were occupied by travelling fishermen each winter. Some of the old cabins still remain, and these are now used by the approx. 60 000 tourists that visit each year. The number of visitors is so great that admission is charged to wander around the cabins, wharfs and other buildings, carefully preserved in this unique fishing hamlet.

Nusfjord auf den Lofoten ist das am besten erhaltene Fischerdorf des Landes. Ende des 19. Jh. waren jeden Winter über 100 Rorbuer (Fischerhütten) mit Fischern besetzt. Einige dieser alten Rorbuer stehen heute noch und werden von einigen der 60 000 Touristen benutzt, die jedes Jahr zu Besuch kommen. Der Zustrom ist so groß, dass man eine Eintrittskarte für die Begehung des Geländes mit Hütten, Brücken und der übrigen Bebauung lösen muss.

Nusfjord dans les Lofoten est l'un des villages les mieux préservés du pays. Chaque hiver vers la fin XIXè les saisonniers arrivaient à remplir une centaine de cabanes dont beaucoup sont toujours là et qui s'utilisent par certains des quelques 60 000 touristes qui viennent ici chaque année. L'affluence est tellement grande qu'il faut payer un billet d'entrée pour se promener entre les cabanes, autour du port et dans le reste de ce village exceptionnel.

På Borge i Lofoten avdekket arkeologer i 1986 et høvdingsete som hadde sin storhetstid mellom ca. 500-950 e. Kr. Hovedhuset på 83 meter er den største bygningen man kjenner fra jernalderen i Norden. Nå er høvdingsetet Borg rekonstruert, med bygninger og håndverk, husdyr og vikingskip. Lofotr Viking Musum er blitt en av de største blant de mange store turistattraksjonene i Lofoten.

At Borge in Lofoten, archaeologists have discovered a chieftain's village from A.D. 500-950. The main hall is 83 metres long and the largest known building from the Iron Age anywhere in the Nordic countries. The village has been reconstructed, with several buildings and handicrafts, livestock and a Viking ship. It has become the largest among the many great tourist attractions in Lofoten.

In Borg auf den Lofoten haben Archäologen einen Häuptlingssitz freigelegt, der um 500-950 n. Chr. seine Glanzzeit hatte. Das Haupthaus mit 83 m Länge ist das größte Gebäude, das man aus der Eisenzeit im Norden kennt. Man hat den Häuptlingssitz mitsamt seinen Werkstätten, Ställen und dem Wikingerschiff rekonstruiert. Dies ist eine der größten Attraktionen auf den Lofoten.

Au lieudit Borge, les archéologues ont découvert un chef-lieu Viking qui connut sa grandeur entre 500-950 AD. La halle principale est, avec ses 83 mètres de longueur, le plus grand bâtiment connu de l'age de fer des pays nordiques. Le site a été entièrement reconstruit avec la halle, ses annexes, son artisanat, ses animaux domestiques et un bateau Viking. C'est devenu l'une des plus grandes des nombreuses attractions touristiques des Lofoten.

Blant de utrolig mange museer, utstillinger og gallerier i Lofoten er også Galleri Ambolten i Sund med smijernskunst som spesialitet. Her viderefører Tor Vegard Mørkved tradisjonene som den navngjetne smeden i Sund, Hans Gjertsen, skapte med kongeskarven som merkevare.

Among the many museums, exhibitions and galleries in Lofoten is Galleri Ambolten in Sund, with wrought iron art as a speciality. Tor Vegard Mørkved keeps this traditional art form alive, that the renowned Sund blacksmith, Hans Gjertsen, created with the "Kongeskarv" (*Cormorant*) as a trademark.

Unter den zahlreichen Museen und Galerien der Lofoten befindet sich auch die Galerie Ambolten in Sund mit ihrer Schmiedekunst. Hier führt Tor Vegard Mørkved die Tradition fort, die der bekannte Schmied Hans Gjertsen mit seinem Königskormoran als Markenzeichen schuf.

Parmi le nombre incroyable de musées, d'expositions et de galleries d'art des Lofoten il faut mentionner Galleri Ambolten à Sund spésialisé dans le fer forgé. Tor Vegard Mørkved y garde les traditions créées par le célébre maréchal ferrand Hans Gjertsen, et son image de marque le cormoran royal.

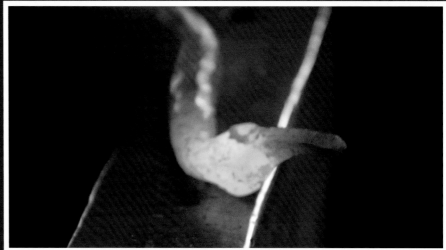

Øverst t.v.: I Graddis ved Saltfjellet har kunstnerparet Kajsa Zetterquist og Per Adde sitt rike. Under: I Stamsund har kunstnerparet Vebjørg Hagene Thoe og Scott Thoe bygd opp et spesielt billedgalleri, mens Torbjørn Malnes (over) driver Lofotens største turistattraksjon, Galleri Lofotens Hus/Galleri Harr i Henningsvær.

Top left: Graddis near Saltfjellet is home to the artists Kajsa Zetterquist and Per Adde. Below: In Stamsund, artists Vebjørg Hagene Thoe and Scott Thoe have built up a special picture gallery. Torbjørn Malnes (above) runs Lofoten's biggest tourist attraction, Galleri Lofotens Hus/Galleri Harr in Henningsvær.

Ganz oben links: In Graddis am Saltfjell hat das Künstlerpaar Kajsa Zetterquist und Per Adde sein Reich. Unten: In Stamsund hat das Künstlerpaar Vebjørg Hagene Thoe und Scott Thoe eine besondere Bilderausstellung. Torbjørn Malnes (oben) betreibt die größte Touristenattraktion der Lofoten, die Galerie Lofotens Hus/Galleri Harr in Henningsvær.

En haut à gauche: À Graddis près Saltfjellet le couple d'artistes Kajsa Zetterquist et Per Adde ont établi leur royaume. Dessous: À Stamsund le couple d'artistes Vebjørg Hagene Thoe et Scott Thoe a construit une gallerie d'art spéciale. Torbjørn Malnes (dessus) est patron de la plus grande attraction touristique des Lofoten : la Gallerie Lofotens Hus/Galleri Harr à Henningsvær.

Henningsvær med den ruvende Vågakallen på nær 1000 meter i bakgrunnen. Kort avstand til ett av Lofotens rikeste fiskefelt førte til at Henningsvær ble anlagt på holmer og skjær, med utfyllinger som etter hvert skapte forbindelse mellom holmene og muligheter for vekst. Da fisket var på sitt høyeste, var over 10 000 tilreisende fiskere samlet her hver vinter. Nå søker tusener turister hit hver sommer.

Henningsvær, with the towering Vågakallen, almost 1 000 m in height, in the background. The proximity to one of Lofoten's richest fishing grounds meant that Henningsvær was built upon skerries and islets, which gradually became joined together, leading to growth in the community. When the fishing industry was at its peak, over 10 000 fishermen came to Henningsvær every winter. Now, tourists flock here every summer.

Henningsvær mit dem schroffen 1000 m hohen Berg Vågakallen im Hintergrund. Wegen der Nähe zu den besten Fischgründen der Lofoten wurde Henningsvær auf Inseln erbaut, die allmählich durch Aufschüttungen miteinander verbunden wurden. In den besten Zeiten kamen hier im Winter 10 000 Fischer zusammen, heute sind es jeden Sommer Tausende von Touristen.

Voici Henningsvær avec l'imposante Vågakallen d'environ 1000 mètres comme décor. Le village fut construit sur des îlots et des écueuils à cause de la proximité de l'une des zones de pêche les plus riches des Lofoten. Les remblais créérent des relations entre les îlots au fur et à mesure de l'expansion. Plus de 10000 pêcheurs venaient ici chaque hiver à l'époque de la grande pêche et actuellement l'endroit attire des milliers de touristes chaque été.

Svolvær er Lofotens største og viktigste by, men er også ett av landets største og viktigste fiskevær. Her finner man fiskehjeller som har preget landskapet gjennom tallrike århundrer sammen med ny, moderne bebyggelse. Høyt over byen rager den egenartede fjellformasjonen Svolværgeita (øverst t.h.) hvor de dristigste kan gjøre et hopp fra det ene hornet til det andre. Om sommeren kommer turister i tusentall til Lofoten, og i Svolvær serveres det helt ned på kaikanten.

Svolvær is Lofoten's largest and most important town; however it is also one of the country's largest and most important fishing towns. Here you will see fish drying racks that have featured as part of the landscape for generations, alongside new, modern buildings. High above the town is the distinctive mountain formation known as Svolværgeita (top, right) where daredevils can make the leap from one "horn" to the other. In the summer, tourists flock to Lofoten in their thousands and in Svolvær, restaurants and bars are dotted along the quayside.

Svolvær ist die größte und wichtigste Stadt der Lofoten und auch das größte und wichtigste Fischereizentrum des Landes. Hier prägen Fischgestelle seit Jahrhunderten die Landschaft, daneben gibt es moderne Bebauung. Hoch über der Stadt ragt die eigenartige Felsformation die Svolværziege (ganz oben rechts) auf, wo der Mutige von einem Horn zum andern springen kann. Im Sommer kommen Tausende von Touristen auf die Lofoten. In Svolvær kann man direkt am Kai speisen.

Svolvær est la ville la plus importante des Lofoten ainsi que l'un des plus grands village de pêche du pays. On y trouve entre les bâtiments récents et modernes ces échafaudages de séchage de poisson qui caractérisent l'archipel depuis de nombreux siècles. Svolværgeita, une formation rocheuse très particulière, domine la ville (en haut à droite) et les plus téméraires s'y risquent la vie à sauter d'une corne à l'autre. Durant l'été les touristes viennent par milliers aux Lofoten, et à Svolvær on sert les clients installés jusqu'au bord du quai.

Trollfjorden, en sidearm til Raftsundet, er sannsynligvis Lofotens mest besøkte turistmål. Fjorden er 2 km lang og omkring 80 m bred på det smaleste. Hurtigrutene går inn her hver dag fra mai til september. Et bredt basseng innerst i fjorden gjør det mulig for skipene å snu. Rundt fjorden står en fjellkjede med tinder opp i 1100 meters høyde. Trollfjorden har en plass i norsk fiskeri- og litteraturhistorie, etter et alvorlig sammenstøt i 1890 mellom tradisjonelle lofotfiskere i små båter og dampskip som sperret fjorden med en ny tids fiskeredskaper.

Trollfjorden, a side arm of Raftsundet, is probably Lofoten's most popular travel destination. The fjord is 2 km long and approximately 80 m wide at its narrowest point. The Hurtigruten sails into the fjord every day from May until September. A wide basin in the fjord makes it possible for the ships to turn around. Around the fjord there is a mountain range with peaks of up to 1 100 m. Trollfjorden has taken its place in Norwegian fishing and literary history, after a major conflict that took place in 1890 between traditional Lofoten fishermen in small boats and modern steam vessels that threatened their livelihood.

Der Trollfjord, ein Seitenarm des Raftsundes, ist wohl das meist besuchte Touristenziel der Lofoten. Der Fjord ist 2 km lang und an der schmalsten Stelle 80 m breit. Von Mai bis September fährt die Hurtigrute jeden Tag hinein. Die breite Wasserfläche im Fjordinnern erlaubt den Schiffen zu wenden. Rund um den Fjord erhebt sich eine Gebirgskette mit Höhen bis zu 1100 m. Der Trollfjord spielt eine Rolle in der Fischerei- und Literaturgeschichte wegen des Streites von 1890, als Dampfschiffe mit moderner Ausrüstung den Fjord für die traditionellen Fischerboote absperrten.

Le Trollfjord, un bras du détroit de Raftsund, est sans doute l'attraction touristique la plus visitée des Lofoten. Entourés de falaises qui plongent à pic de 1100m, tous les bateaux de l'Express Côtier entrent dans ce fjord long de 2 km et à peine 80 m de large tous les jours de mai à septembre faisant demi-tour grâce à un cirque à la tête du fjord. Le Trollfjord occupe une place dans l'histoire de la pêche et dans la littérature norvégiennes après la bataille de 1890 qui opposa les pêcheurs traditionnels des Lofoten dans leurs petites embarcations aux bateaux à vapeur et leurs outils de pêche modernes qui avaient bloqué l'entrée du fjord.

Et lite dampskipsselskap på Stokmarknes startet i 1893 det som skulle utvikle seg til "verdens vakreste sjøreise", de daglige hurtigruteseilinger året rundt mellom Bergen og Kirkenes. Hurtigruta har hatt en enorm betydning for befolkningen på norskekysten. Hurtigrutemuseet på Stokmarknes har tatt vare på historien ved å sette på land det utrangerte hurtigruteskipet "Finnmarken", som var i drift fra 1956 til 1994. Det 77,6 meter lange skipet er Norges største museumsgjenstand. Et besøk om bord gir varige minner om norsk kystkultur.

In 1893, a small steamship company in Stokmarknes started what was to become "The World's Most Beautiful Voyage" – the daily, year-round Hurtigrute sailings, between Bergen and Kirkenes. The Hurtigruten has been of enormous importance for people along the Norwegian coast. The Hurtigrute Museum at Stokmarknes has preserved a part of history by bringing the former Hurtigrute ship "Finnmarken" on land. The 77.6 m long vessel, which was in service from 1956 to 1994, is now Norway's largest museum object. A visit on board will leave a lasting memory of Norwegian coastal culture.

Eine kleine Dampfschiffgesellschaft in Stokmarknes begann 1893 damit, was sich als „die schönste Seereise der Welt" entwickeln sollte, der täglichen Fahrt der Hurtigrute zwischen Bergen und Kirkenes, und zwar rund ums Jahr. Die Hurtigrute hatte immer eine enorme Bedeutung für die Bevölkerung an der norwegischen Küste. Das Hurtigrutenmuseum in Stokmarknes bewahrt die Geschichte, indem es das ausrangierte Hurtigrutenschiff „Finnmarken", im Dienst von 1956 bis 1994, an Land gesetzt hat. Das 77,6 m lange Schiff ist Norwegens größtes Museumsexponat. Ein Besuch an Bord vermittelt nachhaltige Erinnerungen an die Küstenkultur.

En 1893, une toute petite compagnie maritime démarra à Stokmarknes ce qui est devenu aujourd'hui "la plus belle croisière du monde": le service quotidien 365 jour/an de l'Express Côtier entre Bergen et Kirkenes. *Hurtigruta* (en norvégien) a depuis lors eu une importance vitale pour la population côtière et le Musée de l'Express Côtier à Stokmarknes en a donc conservé toute l'histoire en mettant le "Finnmarken" (en service entre 1956 et 1994) en cale sèche pour la postérité. Une visite à bord de cette merveille de 77,6 m de long vous donnera d'excellents souvenirs de la culture côtière norvégienne.

59

Sortland er regionsenter i Vesterålen og et stort og viktig handelssenter også for mange utenfor Vesterålen, med en omsetning langt ut over det byens størrelse skulle tilsi. Brua over Sortlandssundet knytter byen til Hinnøya, og det er både vei- og fergeforbindelse til Lofoten. Et forsøk på å lansere Sortland som "Den blå byen ved sundet" har resultert i mange blå bygninger. Kystvakta som patruljerer de enorme norske havområdene i nord har sin base her.

Sortland is the regional centre of Vesterålen and a large and important trade centre, with a level of trade far greater than the size of the town would indicate. The bridge over Sortlandssundet connects the town to Hinnøya, and there is both a road and ferry connection to Lofoten. An attempt to launch Sortland as the "blue town on the sound" has resulted in many blue-painted buildings. The Coast Guard has its main northern base here.

Sortland ist das Zentrum der Region Vesterålen, ein wichtiges Handelszentrum auch für viele außerhalb der Vesterålen, mit einem weit größeren Umsatz als man der Stadt zutraut. Die Brücke über den Sortlandsund schafft die Verbindung nach Hinnøya und es gibt auch Land- und Seeverbindungen zu den Lofoten. Seit Sortland den Beinamen „Die blaue Stadt am Sund" trägt, gibt es viele blaue Gebäude. Die Küstenwache dieses Seegebietes hat hier ihre Basis.

Sortlend est le centre régional et commercial des Vesterålen et ses environs. Le pont sur le détroit de Sortland rattache la ville à l'île de Hinnøya. Un ferry ainsi qu'une route permettent de rejoindre les Lofoten. Une tentative de lancer Sortland (*Le Pays Noir*) comme "Ville Bleue du détroit" explique les nombreux bâtiments en bleu. C'est ici que se trouve la base du service Garde-Côtes qui patrouillent les énormes zônes maritimes norvégiennes vers le nord.

Lengst nord på Andøya ligger Andenes. Det 40 meter høye fyret har siden 1859 vist vei for båtene som fisker på de rike feltene like utenfor. Det arrangeres hvalsafari og selsafari utenfor Andøya. Fra Forsvarets flystasjon overvåker Orion-flyene de enorme norske havområdene i nord og gir nødhjelp ved kritiske situasjoner langt til havs. Andøya Rakettskytefelt (nederst) skyter opp raketter til forskning og geofysiske observasjoner.

Furthest north on the island of Andøya is Andenes. The 40 m high lighthouse has shown the way for ships sailing along the coast since 1859. Whale and seal safaris are arranged just outside of Andøya. Orion aircraft from The Norwegian Defence Forces' air station monitor ocean areas in the north and provide reconnaissance in the event of critical situations at sea. Andøya Rocket Range (below) launches research and geophysical observation rockets.

An der Nordspitze Andøyas liegt Andenes. Das 40 m hohe Leuchtfeuer weist seit 1859 den Fischerbooten ihren Weg zu den reichen Fischgründen vor der Küste. Es werden Wal- und Robbensafaris vor der Küste Andøyas arrangiert. Vom Militärflughafen aus überwachen Orion-Flugzeuge das riesige norwegische Meeresgebiet im Norden und helfen in kritischen Situationen. Das Andøya-Raketenabschussfeld (unten) schießt Forschungsraketen ab.

Tout au nord de l'île d'Andøya se trouve Andenes. Son phare de plus de 40m montre depuis 1859 la route aux pêcheurs côtiers. Des safaris à baleines et à phoques sont organisés au large d'Andøya. Les avions Orion surveillent les énormes régions maritimes du nord depuis la base militaire et assurent l'aide d'urgence dans les situations critiques au grand large. La station de tir d'Andøya (en bas) envoie des raquettes pour la recherche et les observations géophysiques.

Den som ikke har opplevd Nord-Norge i høst- eller vinterstorm, mangler en viktig erfaring om Norge lengst mot nord. Gjennom århundrene har utallige liv gått tapt når uværet plutselig har rammet fiskerne i små, åpne båter ute på havet. Dagens moderne fiskeflåte har helt andre muligheter for å ri av en varslet storm. Hurtigruteskipene pløyer seg fram gjennom uværet, men når det blir riktig ille, må også de søke havn. Da har ferger og hurtigbåter for lengst innstilt sine ruter. De som ikke har svært viktige gjøremål utendørs, holder seg inne, mens brøytesjåførene kjemper for å holde veiene åpne lengst mulig.

Those who have never experienced Northern Norway during an autumn or winter storm, have missed out on an important experience of Norway. Through hundreds of years, many, many lives have been lost when the stormy weather has suddenly struck fishermen in small, open boats out at sea. Today's modern fishing fleet is much more easily able to ride out a storm. The Hurtigrute ships sail on whatever the weather; however, even they have to seek shelter when the storm rages at its worst. Ferries and catamarans have long since cancelled their sailings. Those that do not have vital things to do outdoors, remain inside, whilst snowplough drivers fight to keep the roads open as long as possible.

Wer noch nie Nordnorwegen im Herbst- oder Wintersturm erlebt hat, dem fehlt hier eine wichtige Erfahrung. Im Laufe der Jahrhunderte sind viele Fischer in den kleinen, offenen Booten bei plötzlichem Sturm ums Leben gekommen. Die moderne Fischereiflotte hat ganz andere Möglichkeiten, bei Vorwarnung einen Sturm zu überstehen. Die Hurtigrutenschiffe müssen nur bei extremem Wetter Schutz suchen, wenn Fähren und Schnellboote längst den Betrieb eingestellt haben. Wer nicht unbedingt hinaus muss, bleibt zu Hause, während Räumfahrzeuge versuchen, die Straßen so lange wie möglich frei zu halten.

Celui qui n'a pas vu la Norvège du Nord dans une bonne tempête, ne connait pas le Finnmark. D'innombrables vies ont été perdues en mer quand la tempête surprenait les pêcheurs dans leurs frêles barques. Aujourd'hui la flotille de pêche sait essuyer une tempête annoncée. Les navires de l'Express Côtier coupent au travers de la tempête, mais lorsqu'*elle* est vraiment mauvaise, ils rentrent au port alors que les ferrys et autres rapides y sont déjà à l'amarre. Ceux qui n'ont rien de très important à faire dehors restent chez eux alors que chauffeurs des chasse-neiges luttent pour maintenir les routes ouvertes le plus longtemps possible.

Store fuglefjell finnes mange steder langs kysten av Nord-Norge. I noen av disse fjellene kan over to millioner sjøfugl hekke samtidig. Her ser vi en del av artene som preger fuglelivet i landsdelen. Fra øverst til venstre krykkje, tjeld, havørn, skarv, gråmåse, lundefugl og alke. Den papegøyeliknende, fargerike lundefuglen er totalfredet, i likhet med andre truede arter.

Large bird cliffs are to be found in many places along the coast of Northern Norway. On some of these cliffs, over two million seabirds can nest at the same time. Here we see one of the species that characterises the bird life in the region. From the top left: Kittiwake, Oystercatcher, White-tailed Sea Eagle, Cormorant, Herring Gull, Puffin and Razorbill. The parrot-like, colourful Puffin is totally protected, in common with other threatened species.

An der norwegischen Küste gibt es viele Vogelfelsen. In manchen können zwei Millionen Seevögel gleichzeitig brüten. Hier sehen wir eine Auswahl an Vogelarten, die das hiesige Vogelleben prägen. Von oben nach links: Dreizehenmöwe, Austernfischer, Seeadler, Kormoran, Silbermöwe, Papageitaucher und Trottellumme. Der farbenfrohe Papageitaucher ist total geschützt, wie auch andere bedrohte Arten.

Il y a de nombreuses colonies d'oiseaux le long de la côte. Certaines îles abritent plus de deux millions d'oiseaux de mer nichant simultanément. Nous voyons ici quelques unes des espèces dominantes de l'ornithologie provinciale (àp du haut à gauche): mouette tridactyle, huitrier pie, aigle de mer, cormoran, mouette grise, macareux et pingouin torda. Le macareux est totalement protégée de même que d'autres espèces menacées.

I forgrunnen en del av Harstad sentrum og havneområdet, hvor hurtigrutene på vei mot nord og sør ligger ved kai samtidig. På neste side et glimt av naturen rundt Harstad, med Trondenes kirke fra 1200-tallet, en av verdens største kanoner på Trondenes som levning etter den tyske okkupasjonen 1940-45, Trondenes Historiske Senter, gatemiljø i Harstad og badeanlegg i fjell i byens sentrum.

In the foreground, a part of Harstad town centre and the harbour area; the Hurtigruten is sailing north and the southbound ship is at the quayside at the same time. On the following page, a glimpse of the nature around Harstad, with Trondenes Church from the 1200s, one of the largest guns at Trondenes as a memory of the German occupation 1940-45, Trondenes Historical Centre, the street milieu in Harstad and the indoor swimming pool, built into the mountainside in the centre of town.

Im Vordergrund Teile des Zentrums von Harstad und das Hafengebiet, wo die nach Norden und Süden fahrenden Hurtigruten gleichzeitig anlegen. Nächste Seite: ein Eindruck von der Natur bei Harstad, die Trondenes Kirche aus dem 13. Jh., die größte Kanone der Welt - von der deutschen Besatzung 1940-45 hinterlassen, das historische Zentrum von Trondenes, Straßen in Harstad und das Grottenbad im Zentrum der Stadt.

Au premier plan une partie du centre de Harstad et le port où l'Express Côtier route nord et sud sont à l'amarre simultanément. Sur la page suivante un aperçu de la nature autour de Harstad et de l'église de Trondenes du XIIIè. Témoin de l'occupation allemande 1940-45 l'un des plus gros canons du monde se trouve à Trondenes. Le Centre Historique de Trondenes, des rues de Harstad et une grande piscine creusée à même la montagne dans le centre ville.

Norge er en betydelig oljenasjon, og to felt er i drift i Nord-Norge, Norne-feltet utenfor Helgeland og Snøhvit-feltet utenfor Hammerfest. Produksjonen på de to feltene styres fra Harstad, som av staten er tildelt rollen som administrativt senter for olje- og gassvirksomheten i nord. Ytterligere letevirksomhet utenfor Nord-Norge og i Barentshavet ledes også fra Harstad.

Norway is a major oil nation and two fields are currently operating in Northern Norway: the Norne field just off the coast of Helgeland and the Snøhvit field outside of Hammerfest. Production at the two fields is managed from Harstad, which was designated by the state as the administrative centre for oil and gas enterprises in the north. Further prospecting off the coast of Northern Norway and in the Barents Sea is also led by the administration in Harstad.

Norwegen ist eine bedeutende Ölnation. In Nordnorwegen sind zwei Felder in Betrieb, das Norne-Feld vor der Helgelandsküste und das Snøvit (Schneewittchen)-Feld vor Hammerfest. Die Produktion wird bei beiden von Harstad aus gesteuert, dem Zentrum für die Verwaltung der Öl- und Gasproduktion im Norden. Weitere Suchaktionen vor Nordnorwegen und in der Barentssee gehen ebenfalls von Harstad aus.

La Norvège est une grande nation pétrolière et il y a deux champs en exploitation en Norvège du Nord: Norne au large de Helgeland et Snøhvit au large de Hammerfest. La production de ces deux champs est dirigée à partir de Harstad, ville choisie par l'État comme centre administratif pour l'exploitation du pétrole et du gaz dans le nord. L'exploration ultérieure au large de la Norvège du Nord et dans la Mer de Barentz est aussi dirigée à partir de Harstad.

Nasjonalparken Øvre Dividal er et villmarksområde i Indre Troms, i grenselandet mot Sverige. Her er bratte fjell, dype kløfter og fossestryk, men også stille elver og vann, åpent landskap og dalsider med bjørk og furuskog. Svensk rein har sommerbeite her, og turgåere kan også treffe på bjørn, jerv, fjellrev, gaupe og kanskje omstreifende ulv.

Øvre Dividal national Park is a wilderness area in Inner Troms, in the border area with Sweden. The National Park has steep mountains, deep canyons and waterfalls; however, there are also meandering rives and still lakes, open landscapes and valleys of birch and pine forests. Swedish reindeer have their summer grazing areas here, and hikers can sometimes come upon bears, wolverines, mountain foxes, lynx and even wandering wolves.

Der Nationalpark Øvre Dividal ist ein Naturgebiet in Inner-Troms an der Grenze zu Schweden. Hier gibt es steile Berge, tiefe Schluchten und Wasserfälle, aber auch stille Flüsse und Seen, offene Landschaft und Täler mit Birken- und Kiefernwald. Schwedische Rentiere haben hier ihre Sommerweiden, Wanderer können Bären, Vielfrass, Fuchs, Luchs und vielleicht einen umherstreifenden Wolf treffen.

Le park national de Øvre Dividal est une forêt vierge dans Indre Troms, près de la Suède. Montagnes escarpées, failles profondes et cascades, mais aussi rivières et lacs traquilles, des paysages ouverts, des côteaux de bouleaux et de pins. Les rennes suédois ont ici leurs pâturages d'été. Les randonneurs peuvent rencontrer ours, gloutons, renards arctiques, lynx et peut être des loups errands.

Fra et forsøksstadium i 1970-årene har norsk fiskeoppdrett utviklet seg til en av landets aller viktigste næringer med salg til 100 nasjoner. Laks og ørret utgjør hovedtyngden av eksporten, men i mindre skala drives det også oppdrett av torsk, kveite, steinbit og skjell. Fiskeriene har alltid vært basis for bosettingen i Nord-Norge, og landsdelen er en betydelig aktør i den nye havbruksnæringen som nå er mer innbringende enn tradisjonelt fiske.

From an experimental stage in the 1970s, Norwegian fish farming has developed into one of the country's most important industries, with sales to 100 countries. Salmon and trout are the main export species; however, on a smaller scale, cod, halibut, wolf fish and shellfish are also farmed. The fisheries have always been the basis of settlement in Northern Norway, and the region features prominently in the new fish farming industry that is now more profitable than traditional fishing.

Vom Versuchsstadium aus in den 1970ger Jahren hat sich die norwegische Fischzucht zu einem der wichtigsten Wirtschaftszweige Norwegens entwickelt mit Export in 100 Nationen. Lachs und Forelle machen den größten Anteil aus. In geringerem Maße betreibt man auch Aufzucht von Dorsch, Heilbutt, Steinbeißer und Muscheln. Fischerei ließ die Menschen sich ansiedeln, und hier findet man die Initiative für neue und lohnendere Fischwirtschaft.

Depuis son stade expérimental (1970) l'élevage de poisson est devenue l'une des industries pricipales avec exportation vers 100 pays. Le saumon et la truite sont prépondérantes mais les élevages de morue, flétan, loup de l'atlantique et de coquillages augmentent. Historiquement c'est la pèche qui a permis la colonisation de cette province mais l'industrie marine rapporte actuellement d'avantage que la pêche traditionelle.

Polar Zoo, verdens nordligste dyrepark, er en av Nord-Norges mest populære turistattraksjoner. I Bardu i Sør-Troms, spredt over 1,1 kvadratkilometer, har ulv, rødrev, fjellrev, gaupe, elg, rein, hjort, jerv, brunbjørn, moskusfe og grevling hver sine områder i en vill og vakker natur. Innenfor gjerdet kan man under trygg guiding møte ulvene på nært hold. Polar Zoo er lagt opp som en familiepark med muligheter for camping og aktiviteter. Det er helårsdrift, og i mørketiden viser fakler vei inn i dyrenes rike.

Polar Zoo, the world's most northerly wildlife park, is one of Northern Norway's most popular tourist attractions. In Bardu in Sør-Troms, over an area of 1.1 square kilometres, Wolves, Red Foxes, Lynx, Moose, Artic Foxes, Reindeer, Deer, Brown Bears, Musk Oxen and Badgers each have their own area in the wild and wonderful nature. Inside the perimeter fence it is possible to meet the wolves at close quarters. Polar Zoo has been created as a family park with possibilities for camping and other activities. The park is open all year round and during the dark period, lit torches show the way into the animals' kingdom.

Der Polarzoo, der nördlichste Tierpark der Welt, ist einer der größten Attraktionen Nordnorwegens. Auf einer Fläche von 1,1 km² in Bardu in Süd-Troms haben Wolf, Rotfuchs, Polarfuchs, Luchs, Elch, Ren, Hirsch, Vielfrass, Braunbär, Moschusochse und Dachs ihre Reviere in schöner, wilder Natur. Im Gehege kann man unter sicherer Führung den Wölfen sehr nahe kommen. Der Polarzoo ist als Familienpark mit Camping und Aktivitäten eingerichtet. Ganzjährig geöffnet. Im Winter erleuchten Fackeln das Tierreich.

À Bardu dans le Sør-Troms, sur 1,1 km² ce zoo est le plus nordique du monde et l'une des attractions principales de la province. Loups, renards rouges, renards arctiques, lynx, élans, rennes, cerfs, gloutons, ours bruns, bœufs musqués et des blaireaux y sont tous placés dans un environnement naturel superbe et sauvage. Avec un guide on peut s'approcher en sécurité des loups dans leur clôture. Le Polar Zoo est conçu comme park familial avec camping et des activités. Pendant la nuit polaire des torches éclairent les sentiers du royaume des animaux.

Norge nord for Bodø har ikke jernbane, bortsett fra Ofotbanen fra Narvik over til Sverige. De store avstandene gjør landsdelen helt avhengig av lufttransport. Passasjertrafikken avvikles over et nett av store og små flyplasser. Fra basen i Harstad bringer landsdelens ledende helikopterselskap Heli-Team folk og gods fram til de mest utilgjengelige steder der ingen flyplass eller vei finnes.

North of Bodø, Norway has no railways, apart from the Ofotbane from Narvik over to Sweden. The huge distances mean that the region is dependent on air transport. Passenger traffic is served by a network of large and small airports. From its base in Harstad, the region's leading helicopter company Heli-Team transports personnel and cargo to the most inaccessible places, where there are no airports or roads.

Nördlich von Bodø hat Nordnorwegen keine Eisenbahn, abgesehen von der Ofotenbahn zwischen Narvik und Schweden. Die großen Distanzen machen den Landesteil vom Flugzeug abhängig. Für Passagiere gibt es ein Netz von großen und kleinen Flughäfen. Von der Basis in Harstad aus bringt die Helikoptergesellschaft Heli-Team Menschen und Waren an die unzugänglichsten Orte ohne Straßen oder Flugplätze.

À part Ofotbanen entre Narvik et la Suède, il n'y a pas de chemin de fer au nord de Bodø. Du fait des grandes distances, la province est dépendante du transport aérien. Le transport des passagers se fait à partir du réseau de petits et grands aéroports. À partir de leur base à Harstad, l'équipe de la compagnie leader d'hélicopères *Heli-Team* transporte des marchandises jusqu'aux entroits les plus inaccessibles où il n'y a ni aéroport ni route.

Senja er Norges nest største øy. Innersida har en frodig, mild natur, mens yttersida preges av høye, ville, forrevne fjell ut mot storhavet. I fjordene på yttersida har befolkningen til alle tider hatt fiske som hovednæring. Veien dit går gjennom vakre dalstrøk og mellom barske fjell. På yttersida finner man Hulderheimen og Senjatrollet med kjerring på Finnseter (nede til venstre). Verdens største troll med sitt rikholdige indre er blitt en meget spesiell attraksjon på Senja.

Senja is Norway's second largest island. The interior has a lush and mild nature, whilst the outer side is characterised by high, wild and jagged mountains facing the ocean. In the fjords on the outer side the people have always had fishing as a way of life. The road to the outer side winds through beautiful valleys and between rugged mountains. Also on the outer side, you can find Hulderheimen and the Senja troll (and his wife, of course) at Finnseter (bottom left). The world's biggest troll and his exciting inner world have become a very special attraction on Senja.

Senja ist die zweitgrößte Insel Norwegens. Im Innern ist sie mild und fruchtbar, an der Küste erheben sich wilde, bizarre Berge. An den Fjorden entlang der Küste haben die Menschen immer hauptsächlich vom Fischfang gelebt. Der Weg dorthin führt durch schöne Täler zwischen schroffen Bergen. An der Küste findet man Hulderheim und den Senjatroll mit der Alten von Finnseter (unten links). Dieser größte Troll der Welt ist mit seinem reichhaltigen Innenleben eine besondere Attraktion auf Senja.

Senja et la 2ème île la plus grande de Norvège. Sa partie intérieure béneficie d'une nature foisonnante et tempérée arors que l'extérieur est caractérisé par de hautes montagnes déchiquetées et sauvages face à la mer. Les habitants des fjords sur l'extérieur ont de tout temps vécu de la pêche. Pour y parvenir la route passe par de belles vallées et entre des montagnes menaçantes. Sur la partie extérieure se trove Hulderheimen et Senjatrollet avec sa femme à Finnseter (en bas à gauche). Le plus grand troll du monde avec sa richesse intérieure est devenu une attraction toute spéciale à Senja.

I Øyfjorden nordvest på Senja ligger Husøy, vel 1 km lang og 500 meter bred, med veiforbindelse over en 300 meter lang molo inn til land. På grunn av rasfare under de bratte fjellene begynte folk å slå seg ned på øya omkring 1950. I dag er Husøy et høyst levedyktig samfunn med omkring 230 innbyggere. Husene står tett, gjerne med barduner mot stormen, og folk står hverandre nær i et fellesskap hvor bylivets fremmedgjorthet er ukjent fremmedord.

In Øyfjorden, north-west on Senja is Husøy, almost 1 km long and 500 m wide, with a road across a 300 m breakwater onto land. Due to the danger of avalanches below the steep mountains, the population began to inhabit the islands in the 1950s. Today, Husøy is a thriving community with 230 inhabitants. The houses are built close together, some held down with bracing wires against the storm. People live in a tightly-knit community where the exclusion felt by some in a town environment is an unknown phenomenon.

Im Øyfjord im Nordwesten Senjas liegt Husøy, 1 km lang und 500 m breit, durch eine 300 m lange Mole mit dem Land verbunden. Wegen der Lawinengefahr unterhalb der steilen Felswände sind die Menschen ab 1950 auf die Insel gezogen. Heute ist Husøy eine lebenstüchtige Gemeinde mit 230 Einwohnern. Die Häuser stehen dicht an dicht, oft mit Seilen gegen den Wind gesichert. In dieser Gemeinschaft ist Fremdheit ein Fremdwort.

Dans le Øyfjord au nord-ouest de Senja se trouve l'île de Husøy, longue d'environ 1 km et 500 m de large, reliée par la route grace à une jettée longue de 300 metres. A cause du danger de chutes de pierres sous les falaises escarpées, les gens choisirent de s'établir sur cette île à partir de 1950. Husøy est aujourd'hui une société vivante forte de 230 habitants. Les maisons très rapprochées sont assujetties au sol par des cables contre les tempêtes. Les gens sont tout aussi rapprochés dans ce village où l'incognito des grandes villes est un concept inconnu.

Finnsnes har vokst til et livskraftig bysamfunn, med sentrumsfunksjoner for nærområdene i Midt-Troms og som innfallsport til Senja. Fra Finnsnes går det bru over Gisundet til tettstedet Silsand på Senja (nede t.h.). I tillegg til veinettet mot Troms innland er sjøverts trafikk av stor betydning for Finnsnes. Den betjenes ved en ganske ny trafikkterminal på kaia (øverst t.h.).

Finnsnes has grown into a vigorous town community with central functions for the local area in Midt-Troms and as a "gateway" to Senja. From Finnsnes, a bridge crosses over Gisundet to the community of Silsand on Senja (below, right). In addition to the road network into inland Troms, maritime traffic is of great importance to Finnsnes. The town has a new traffic terminal at the quayside (top, right)

Finnsnes hat sich zu einer lebenstüchtigen Stadt entwickelt, einem Zentrum für Mittel-Troms und Einfallstor nach Senja. Von Finnsnes führt eine Brücke über den Gisund nach Silsand auf Senja (unter rechts). Außer dem Straßennetz nach Troms ist auch der Seeverkehr von Bedeutung, der von einem ganz neuen Kaiterminal bedient wird (ganz oben rechts).

Finnsnes est devenue une société urbaine vigoureuse qui assure les fonctions de centre pour ses environs dans le Midt-Troms et portail de l'île de Senja par un pont sur le détroit de Gisundet vers Silsand (en bas à droite). Le réseau routier vers l'intérieur du Troms et la voie maritime sont de grande importance pour Finnsnes. Le trafic portuaire et côtier est dirigé à partir d'un nouveau terminal (dessus à droite).

I 1794 befalte kongen at det skulle anlegges en by på Tromsøya. Der bodde det 80 mennesker. Nå er Tromsø Nord-Norges største by og folkerikeste kommune med 67 000 innbyggere. Av disse bor 55 000 i byen på Tromsøya eller i tilstøtende tettbygde nærområder, knyttet til øya med bruer. En stor trehusbebyggelse fra 1800-tallet er bevart i sentrum. Panoramabildet under viser Tromsøya, sett fra Storsteinen (421 moh). Taubanen dit opp er en av byens attraksjoner.

In 1794, the King ordered that a town was to be built on Tromsøya. At that time, only 80 persons lived on the island. Today, Tromsø has become Northern Norway's largest town and the most populous, with 67 000 inhabitants. Of these, 55 000 live in the town on Tromsøya or in nearby urban communities, connected to the island by bridges. A considerable number of wooden houses from the 1800s have been preserved in the centre of town. The panorama image below shows Tromsøya, viewed from Storsteinen (421 m above sea level). The cable car up to Storsteinen is one of the town's main attractions.

1794 befahl der König, auf der Tromsinsel eine Stadt zu bauen. Damals wohnten dort 80 Menschen. Heute ist Tromsø Nordnorwegens größte Stadt und volkreichste Gemeinde mit 67 000 Einwohnern, wovon in der Stadt selbst, d.h. auf der Insel und den mit Brücken verbundenen Nahbereichen 55 000 Menschen leben. Einige der Holzhäuser aus dem 19. Jh. sind im Zentrum erhalten. Das Panoramabild unten zeigt die Tromsinsel vom Storstein (421 m ü M) aus, auf den eine Seilbahn führt.

En 1794 le Roi ordonna qu'une ville se construisât sur l'île de Tromsøya qui avait alors 80 habitants. Grâce à ses grands ponts et à ses tunels routiers, Tromsø est aujourd'hui la plus grande ville (55 000 h. sur Tromsøya et sa banlieue) et la commune la plus peuplée de la Norvège du Nord (67 000 habitants). Dans le centre ville un grand nombre de maisons en bois du XIXè ont été préservées. La photo panormique montre Tromsøya vue depuis le mont Storsteinen (altitude 421 mètres). Son téléférique est l'une des grandes attractions de la ville.

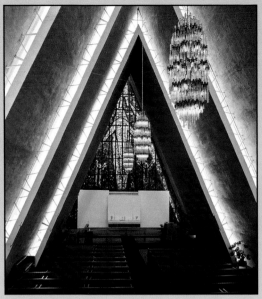

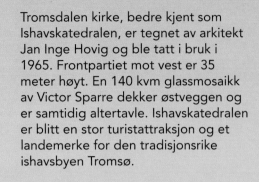

Tromsdalen kirke, bedre kjent som Ishavskatedralen, er tegnet av arkitekt Jan Inge Hovig og ble tatt i bruk i 1965. Frontpartiet mot vest er 35 meter høyt. En 140 kvm glassmosaikk av Victor Sparre dekker østveggen og er samtidig altertavle. Ishavskatedralen er blitt en stor turistattraksjon og et landemerke for den tradisjonsrike ishavsbyen Tromsø.

Tromsdalen Church, better known as the Arctic Cathedral, was designed by the architect Jan Inge Hovig and was consecrated in 1965. The west-facing side is 35 m high. A 140 m glass mosaic designed by Victor Sparre covers the east wall and is part of the altar. The Arctic Cathedral is a major tourist attraction and a landmark in the traditional polar town of Tromsø.

Die Tromsdalenkirche, besser bekannt als Eismeerkathedrale, wurde von dem Architekten Jan Inge Hovig entworfen und 1965 fertig gestellt. Die Westfront ist 35 m hoch. Das 140 m² große Glasmosaik von Victor Sparre nimmt die Ostwand ein und ist gleichzeitig Altartafel. Die Eismeerkathedrale ist eine große Touristenattraktion und Wahrzeichen der traditionsreichen Eismeerstadt Tromsø.

L'église de Tromsdalen (inaugurée en 1965) ou Cathédrale de l'Océan Arctique, fut dessinée par l'architecte Jan Inge Hovig. À l'ouest la grande face a une hauteur de 35 m. Une mosaïque en verre de 140m² fait par l'artiste Victor Sparre couvre la paroi est et constitue en même temps l'autel. C'est une grande attraction et une référence pour cette veille ville arctique.

Universitetet i Tromsø er verdens nordligste med 10 000 studenter. Nordlysobservatoriet, Norsk Polarinstitutt og Polarmuseet er blant institusjonene som er med på å understreke den rolle Tromsø har hatt som utgangspunkt for fangst- og forskningsekspedisjoner i polare strøk. Opplevelsessenteret Polaria, formet som isblokker i sjøkanten, har akvarium som en del av sin formidling av kunnskap om Arktis.

Tromsø University is the world's northernmost with approx. 10 000 students. The Northern Lights Observatory, Norwegian Polar Institute and Polar Museum are among the institutions that underline the role Tromsø has historically held as the starting point for hunting and research expeditions in polar areas. The exhibition and experience centre Polaria, formed as ice floes at the shore, has an aquarium as part of its exhibition on the Arctic.

Die Universität in Tromsø ist die nördlichste der Welt mit 10 000 Studenten. Das Nordlichtobservatorium, das norwegische Polarinstitut und das Polarmuseum tragen dazu bei, die Rolle Tromsøs als Ausgangspunkt für Jagd- und Forschungsexpeditionen ins Polargebiet zu unterstreichen. Das Erlebniszentrum Polaria, wie Eisblöcke geformt, vermittelt mit seinem Aquarium Kenntnisse über die Arktis.

L'Université de Tromsø est avec ses 10 000 étudiants la plus nordique du monde. Le Musée Polaire, l'Observatoire de l'Aurore Boréale et l'Institut Polaire sont parmi les institutions qui témoignent du rôle de Tromsø comme point de départ pour les expéditions de chasse et de recherches vers les régions polaires. Le centre pédagogique Polaria, formé comme des blocs de glace cahotiques, possède un aquarium afin de transmettre les connaissances sur l'arctique.

På Lyngenhalvøya mellom Ullsfjorden og Lyngenfjorden ligger Lyngsalpene, som også omfatter Troms fylkes høyeste fjell, Jiehkkevárri (1834 moh). De høye tindene og stupbratte liene er for lengst oppdaget av fjellklatrere og alpinister. Vanlige turgåere vet også å benytte dette eventyrlige området. Det starter med idylliske fjordarmer og sletteland ved sjøen og stiger mot de store høyder, med en mengde fiskevann underveis og omkring 140 isbreer mellom de høye fjelltoppene.

On the Lyngen peninsula, between Ullsfjorden and Lyngenfjorden are the Lyngen Alps, which includes Troms county's highest mountain, Jiehkkevárri (1834 m). The high peaks and steep faces have long since been discovered by mountain climbers and alpine enthusiasts. Regular hikers also enjoy this magnificent area. The Alps begin with idyllic fjord arms and lowlands close to the shore, climbing to enormous heights. There are a number of fishing lakes along the way and some 140 glaciers between the high mountain peaks.

Auf der Lyngenhalbinsel zwischen dem Ullsfjord und dem Lyngenfjord erstrecken sich die Lyngsalpen mit dem höchsten Berg der Provinz Troms, dem Jiehkkevarri (1834 m ü M). Die hohen Berge und steilen Hänge wurden längst von Bergwanderern und Kletterern entdeckt. Auch normale Wanderer wissen die abenteuerliche Bergwelt zu nutzen, angefangen bei idyllischen Fjordarmen und flachen Ufern an Seen voller Fische bis hinauf in große Höhen mit ca. 140 Gletschern.

Sur la presqu'île de Lyngen entre Ullsfjord et Lyngenfjord se trouvent les Alpes de Lyngen avec le pic le plus élevé de Troms, Jiehkkevárri (1834 m). Ses pics, ses quelques 140 glaciers, ses vallées et falaises escarpées ont depuis longtemps été explorés par des alpinistes et autres montagnards, mais les randonneurs continuent à découvrir cette région pleine d'aventures : bras de fjord idylliques, les pleines côtieres, puis ça monte rapidement vers les grandes cîmes avec de nombreux lacs et rivières poissonneuses en cours de route.

Flammende nordlys over mørk himmel var omspunnet av myter og mystikk i tidligere tider. Det bølgende lyset i skiftende farger måtte ha et budskap til menneskene. Det ble tillagt magisk kraft, og kunne varsle både krig og pest. Nå vet vi at nordlyset skapes når elektriske partikler med stor kraft kommer inn mot magnetfeltet ved den magnetiske nordpolen og kolliderer med gass i jordas atomsfære. Gassene der oppe i 90 til 180 kilometers høyde lyser opp gjennom stråling i ulike bølgelengder og kan gi et fantastisk fargespill.

The Northern Lights (Aurora borealis) shimmering over the dark heavens were a part of many myths and mysteries in former times. The flowing lights of ever-changing hues seemed to reach out to people. They were associated with magical powers and it was said that they could warn of both war and pestilence. Of course, we now know that the northern ligh are created when accelerated particles enter the magnetic field at the magnetic North Pole and collide with gas in the earth's atmosphere. The gases, at a height of between 90 and 180 km above the earth, light up a different wavelengths and create a wondrous coloured "curtain" of light

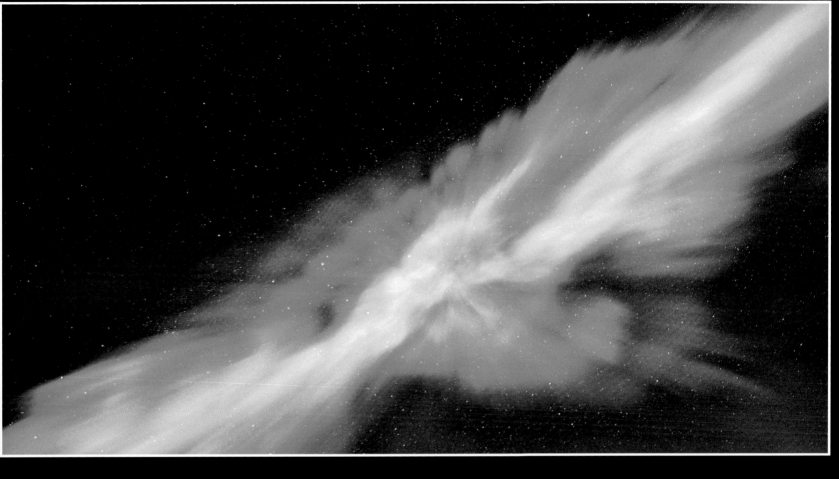

Das flammende Nordlicht am dunklen Himmel war in früheren Zeiten von Mythen umsponnen. Das bewegte Licht in veränderlichen Farben musste eine Botschaft für die Menschen sein. Es wurde ihm eine magische Kraft zugeschrieben, es konnte Krieg oder Pest ankündigen. Heute wissen wir, dass das Nordlicht von elektrisch geladenen Partikeln erzeugt wird, die mit großer Energie auf das Magnetfeld am magnetischen Nordpol treffen, wo sie in 90 bis 180 km Höhe auf die Erdatmosphäre stoßen und die Gase in phantastischem Farbenspiel zum Leuchten bringen.

Depuis la nuit des temps l'aurore boréale est accompagnée de mysticisme : cette luminosité flamboyante devait être porteuse de messages, pourvue de puissance magique, avertir guerre et peste. Nous savons maintenant qu'elle surgit quand des particules électriques puissamment happées par le champ magnétique terrestre autour du pôle magnétique, entrent en collision avec du gaz atmosphérique à une altitude de 90 à 180 km, produisant ainsi des radiations sur différentes longueurs d'onde et un jeu d'illuminations celestes multicolores et silencieuses.

I 1973 ble det oppdaget et enestående helleristningsfelt i Alta med mer enn 3200 figurer. Helleristningene er av UNESCO klassifisert som en del av verdens kulturarv. Alta Museum er bygd opp ved funnstedet. Her presenteres både helleristningene og andre funn fra eldre steinalder i Finnmark. Etter fjellet Komsa i Alta er disse funnene kjent som Komsakulturen og er blant de eldste funn i Norges historie.

In 1973, a unique rock painting site was discovered in Alta, comprised of more than 3 200 figures. The rock paintings are classified by UNESCO as a World Heritage site. Alta Museum has been constructed around the site. The rock paintings are presented, along with other finds from the Palaeolithic Stone Age in Finnmark. The mountain of Komsa in Alta has lent its name to these finds; they are now known as Komsa Culture and are among the oldest finds in Norway's history.

1973 wurde in Alta ein einzigartiges Gebiet mit mehr als 3200 Felszeichnungen entdeckt. Die Felszeichnungen wurden von der UNESCO als Teil des Weltkulturerbes klassifiziert. Das Alta Museum wurde an der Fundstelle errichtet. Hier werden Felszeichnungen und andere Funde aus der älteren Steinzeit in Finnmark gezeigt. Nach dem Berg Komsa bei Alta werden diese Funde, mit die ältesten in der Geschichte Norwegens, als Komsakultur bezeichnet.

En 1973 on découvrit à Alta un champ de peintures rupestres, comptant plus de 3200 figures, classé Patrimoine de l'Humanité par l'UNESCO. Sur ce site archéologique le Musée d'Alta gère et présente les peintures rupestres et bien d'autres expositions sur le Finnmark, le peuple Sami ainsi que sur la Culture Komsa de l'âge de pierre provenant de la colline de Komsa à Alta, l'une des plus vielles trouvailles archéologiques de la Norvège.

Altaelva, den nederste delen av Alta-Kautokeinovassdraget, er en stor kraftleverandør. I tillegg er den en av Norges beste lakseelver. Pengesterke laksefiskere betaler sekssifrede beløp for ett døgns eksklusivt fiske. Folk flest har gode fiskemuligheter i de mange vannene innover vidda. Profesjonelle turarrangører står til tjeneste med elvebåt eller snøscooter. 15 km fra Alta sentrum ligger Norges største og verdens nordligste ishotell, med bar og overnattingsrom for 50 gjester.

Alta River, the lower part of the Alta-Kautokeino water course, is a major provider of hydroelectricity. It is also one of Norway's best salmon rivers. Wealthy salmon fishermen pay six-figure sums for one day's exclusive fishing. Most people have excellent fishing opportunities in the many lakes out on the plains. Professional tour organisers offer trips by riverboat or snowmobile. 15 km outside of Alta is Norway's largest and the world's most northerly ice hotel, with a bar and accommodation for 50 guests.

Der Altafluss, ein Teil des Alta-Kautokeino Wassersystems, ist ein bedeutender Stromlieferant und einer der besten Lachsflüsse Norwegens. Zahlungskräftige Lachsfischer bezahlen sechsstellige Summen für einen Tag exklusiver Fischerei. Alle anderen haben gute Angelbedingungen in den vielen Gewässern der Hochebene. Es werden professionelle Touren mit Flussbooten oder Schneemobilen angeboten. 15 km von Alta entfernt befindet sich Norwegens größtes und der Welt nördlichstes Eishotel mit Bar und Übernachtungsmöglichkeit für 50 Gäste.

La rivière d'Alta, partie inférieure du bassin Alta-Kautokeino, est grande productrice d'énergie. C'est aussi l'une des meilleures rivières à saumon de Norvège: des pêcheurs argentés payent des sommes à six chiffres pour 24 heures de pêche exclusive. D'autres peuvent faire bonne pêche dans les très nombreux lacs et rivières à l'intérieur du plateau. Des opérateurs de safaris sont prêts à vous fournir des bateaux fluviaux ou des motoneiges. À 15km du centre d'Alta se trouve le plus grand hôtel de glace de la Norvège et le plus septentrional du monde, avec bar et des chambres pour 50 voyageurs.

Fra Alta er avstanden til Nordpolen kortere enn til hovedstaden Oslo. De tre stedene Bossekop, i forgrunnen, deretter Altagård og Elvebakken, er nå vokst sammen til byen Alta, den største i Finnmark med 18 600 innbyggere. Alta har hatt en eksplosiv vekst, som handelssentrum, som skolesentrum, som kommunikasjonssentrum med veiforbindelse over Finnmarksvidda til Kautokeino og Karasjok og over til nabolandet Finland.

From Alta the distance to the North Pole is shorter than the distance to the capital Oslo. The three districts of Bossekop, in the foreground, Altagård and Elvebakken, have now fused into the town of Alta, the largest town in Finnmark, with a population of 18 600. Alta has experienced an explosive growth as a centre of trade and education. It is also a communications hub with road connections over the Finnmark plains to Kautokeino and Karasjok and over to the neighbouring country of Finland.

Von Alta ist die Distanz zum Nordpol kürzer als zur Hauptstadt Oslo. Die drei Orte Bossekop, im Vordergrund, dahinter Altagård und Elvebakken sind zu der Stadt Alta, der größten Stadt in Finnmark mit 18 600 Einwohnern, zusammen gewachsen. Alta hat ein explosives Wachstum als Handels-, Schul- und Kommunikationszentrum erfahren, es gibt Straßenverbindungen über die Finnmarksvidda nach Kautokeino und Karasjok und ins Nachbarland Finnland.

La distance Alta – Oslo est plus longue que Alta - Pôle Nord. Cette ville (18600 habitants, la plus grande du Finnmark) résulte de l'expansion explosive des trois villages de Bossekop (premier plan), Altagård et Elvebakken. Alta est aujourd'hui centre commercial, administratif, scolaire et centre de communications avec aéroport, port et communication routière à travers le plateau du Finnmark jusqu'à Kautokeino, Karasjok et la Finlande.

Hammerfest fikk bystatus i 1789, og har etter det regnet seg som verdens nordligste by. Isbjørnen i byvåpenet vitner om historisk tilknytning til arktiske fangstfelt enda lenger nord. Nå preges byen av gassutvinnning på Snøhvitfeltet 160 km ute i havet. Gassen føres i rørledning til Melkøya (under), hvor den nedkjøles for eksport på skip.

Hammerfest was granted a town charter in 1789 and since that time has regarded itself as the world's most northerly town. The Polar Bear incorporated into the town's crest bears witness to the Arctic hunting grounds even further north. Now the town is characterised by the huge gas extraction installations from the Snøhvit fields 160 km out at sea. The gas is fed through pipelines to Melkøya (below), where it is cooled before being exported by tanker ships.

1789 erhielt Hammerfest Stadtstatus und bezeichnet sich seitdem als die nördlichste Stadt der Welt. Der Eisbär im Wappen zeugt von der Verbindung zum arktischen Jagdgebiet im Norden. Heute wird die Stadt von der Gasgewinnung im Snøvitfeld geprägt, 160 km vor der Küste. Das Gas wir durch Rohre nach Melkøya geleitet (unten), wo es für den Schiffstransport abgekühlt wird.

Ayant obtenu le statut de ville en 1789 Hammerfest se considère comme la ville la plus septentrionale du monde. L'ours polaire de ses armoiries témoigne de son passé de captures arctiques. La ville est marquée par l'exploitation du gaz de Snøhvit extraite à 160 km au large puis amené par gazoduc jusqu'à Melkøya (dessus), où il est refroidi pour exportation par cargo.

Honningsvåg med ca. 2400 innbyggere har tatt bystatus, og anser seg dermed som verdens nordligste by. Herfra er det 34 km til Nordkapp. Alle som skal dit, må innom Honningsvåg. Hvert år anløper godt over hundre cruiseskip, og turistbussene går i en jevn strøm til Nordkapplatået. Når sommeren er over, preges havna atter av fiskebåter, og livet normaliseres mot en subarktisk vinter. Kirka fra 1885 var eneste bygning som sto igjen da 2. verdenskrig var over i 1945. Alt annet her er bygd opp etter krigen, som stort sett i hele Finnmark for øvrig.

Honningsvåg, with a population of 2 400, has now been given town status and considers itself the world's northernmost. From here it is 34 km to the North Cape. All those travelling to the Cape must go through Honningsvåg. Each year, well over a hundred cruise ships and tourist buses arrive in a steady stream to the North Cape plateau. When the summer is over, the harbour is once again characterised by fishing boats and life returns to normal, towards the sub-arctic winter. The church from 1885 was the only building left standing at the end of the Second World War. Everything else here has been reconstructed after the war, in common with most of Finnmark.

Honningsvåg hat mit seinen 2400 Einwohnern Stadtstatus und betrachtet sich als nördlichste Stadt der Welt. Von hier aus sind es 34 km bis zum Nordkap. Jeder, der dorthin will, muss durch Honningsvåg, wo jedes Jahr mehr als 100 Kreuzfahrtschiffe anlegen, ein Strom von Touristenbussen bewegt sich zum Nordkapplateau. Wenn der Sommer vorbei ist, dominieren wieder die Fischerboote im Hafen, das Leben im subarktischen Winter hält Einzug. Die Kirche von 1885 blieb als einziges Gebäude nach dem 2. Weltkrieg übrig, alles andere wurde nach dem Krieg wieder aufgebaut, so wie überall in Finnmark.

Honningsvåg (2400 h) a pris le statut de ville et se considère de ce fait comme la ville la plus septentrionale du monde. Elle est a 34 km seulement du Cap Nord et ceux qui veulent y aller passent par ce village. Plus de 100 paquebots s'y amarrent chaque année et les bus font alors un va-et-vient constant au Plateau du Cap Nord. Lorsque l'été prend fin les bateaux de pêche prédominent de nouveau dans le port et la vie se normalise vers un hiver sub-arctique. Le seul bâtiment debout après la 2ème GM fut l'église construite en 1885. Tout le reste dût être reconstruit comme partout ailleurs dans le Finnmark.

Den første turisten på Nordkapp var en italiensk prest som kom dit i 1664, etter en lang vandring gjennom Europa. Hans reiseskildring vakte interesse for denne klippen på 71°10' 21'' som med sine 308 meter over havet setter et mektig punktum for Europas fastland mot nord. I 1875 ble den første gruppereisen arrangert fra London til Nordkapp. Nå kommer omkring 200 000 turister hvert år. Fra Nordkapphallen på toppen av klippen har man panoramautsikt, og i utsprengte rom nedover i fjellet venter den ene opplevelsen etter den andre.

The first tourist who travelled to the North Cape was an Italian priest who came in 1664, after a long journey through Europe. His travel journals prompted great interest for the cliff at 71°10' 21'', that with its 308 metres above sea level sets a mighty end point for the European mainland in the north. In 1875, the first group of tourists came from London to the North Cape. These days, around 200 000 visitors make their way here each year. From the North Cape Hall at the top of the cliff there is a panoramic view, and there are various exhibitions shown in caves blasted in the rock in the cliff.

Der erste Tourist am Nordkap war ein italienischer Priester, der nach langer Wanderung durch Europa 1664 hier ankam. Seine Reisebeschreibung erweckte Interesse an der Klippe bei 71°10`21``, die mit ihren 308 m ü M einen mächtigen Endpunkt für Europas Festland im Norden darstellt. 1875 wurde die erste Gruppenreise von London zum Nordkap arrangiert. Jetzt kommen jedes Jahr ca. 200 000 Touristen. Von der Nordkaphalle auf der Klippe hat man eine Panoramaaussicht, und in den künstlichen Höhlen im Berg wartet eine Sehenswürdigkeit nach der anderen.

Le premier touriste au Cap Nord fut un prètre italien qui y parvint en 1664 après un long périple à travers l'Europe. Son journal de voyage inspira grand intérêt pour cette falaise située à 71°10' 21'' latitude nord. Avec ses 308 metres d'altitude le cap constitue un grandiose point final au continent européen vers le nord. C'est en 1875 que fut arganisé le premier voyage de groupe Londres-Cap Nord. Actuellement chaque année il y vient environ 200 000 touristes pour admirer le panorama exceptionnel depuis la Halle du Cap Nord et découvrir les grands espaces et couloirs creusés à même la roche et s'émerveiller d'une surprise à l'autre.

104

Ved innseilingen til Kjøllefjord på Nordkinnhalvøya ligger Finnkirka, en egenartet fjellformasjon som ligner en ruvende kirke. Kjøllefjord med nærmere 1000 innbyggere danner skille mellom Øst- og Vest-Finnmark. Store moloer beskytter havna mot vanskelige vindforhold her ut mot Barentshavet, men vindkraften kan også utnyttes. Kjøllefjord vindpark med 17 vindmøller produserer nok strøm til 6000 husstander.

Along the sailing channel into Kjøllefjord on the Nordkinn peninsula is Finnkirka, a special mountain formation that resembles a towering church. Kjøllefjord, with a population of 1 000, forms the division between East and West Finnmark. Large breakwaters protect the harbour against the harsh winds from the Barents Sea; however, the power of the wind can also be harnessed - Kjøllefjord windmill park has 17 windmills that produce enough energy for 6 000 homes.

An der Einfahrt nach Kjøllefjord entlang der Halbinsel Nordkinn liegt Finnkirka, eine eigenartige Felsformation, die einer mächtigen Kirche gleicht. Kjøllefjord mit seinen 1000 Einwohnern bildet die Grenze zwischen Ost- und Westfinnmark. Starke Molen schützen den Hafen vor den Stürmen aus der Barentssee. Die Windkraft wird mit Hilfe von 17 Windrädern genutzt, die Strom für 6000 Haushalte liefern.

À l'entrée du port de Kjøllefjord (1000 h) sur la presqu'île de Nordkinn se trouve Finnkirka, une formation rocheuse unique qui ressemble à une église. La commune forme la limite entre l'Ouest et l'Est du Finnmark. D'énormes brise-lames protègent le port contre les conditions météorologiques difficiles de la mer de Barentz. Les 17 moulins du parc éolien de Kjøllefjord mettent cette manne à profit en produisant suffisamment d'énergie pour alimenter 6000 maisons.

Vardø er Norges østligste by, lenger øst enn Istanbul og Kairo. Vardøhus festning ble bygd tidlig på 1300-tallet for å forsvare Norges grense mot øst, senere fornyet og utbygd til dagens anlegg bak en stjerneformet festningsmur. Som eneste by i Vest-Europa ligger Vardø i den arktiske klimasonen. Kommunens eneste tre står på festningsområdet. Det er tildekket hver vinter. Månedlig gjennomsnittstemperatur kommer aldri over +10 grader.

Vardø is Norway's most easterly town, further east than both Istanbul and Cairo. Vardøhus Fort was constructed in the early 1300s in order to defend Norway's border to the east. It was later rebuilt and extended into the current fort, behind a star-shaped fortification. As the only town in Western Europe, Vardø lies within the Arctic climate zone. The municipality's only tree is inside the fort. The monthly average temperature never exceeds +10° C.

Vardø ist Norwegens östlichste Stadt, östlicher als Istanbul und Kairo. Die Festung Vardøhus wurde im frühen 14. Jh. erbaut, um Norwegens Grenze nach Osten zu verteidigen, später erweitert hinter einer sternförmigen Festungsmauer. Als einzige Stadt Westeuropas liegt Vardø in der arktischen Klimazone. Der einzige Baum der Gemeinde steht in der Festung und wird im Winter zugedeckt. Die monatliche Durchschnittstemperatur übersteigt nie +10° C.

Située plus à l'est que Le Caire ou Istanbul Vardø est la ville la plus orientale de la Norvège. Le fort de Vardøhus (début XIVè) fut construit pour garder la frontière de la Norvège vers l'est. Puis il fut modernisé et agrandi pour former le site actuel entouré de ses fortifications en forme d'étoile. Vardø est la seule ville d'Europe occidentale qui se trouve en zône de climat arctique. L'unique arbre de la commune, soigneusement emballé chaque hiver, pousse sur la forteresse. La température moyenne mensuelle ne dépasse jamais +10° Celsius.

Vadsø ved Varangerfjorden er administrasjonssted for Finnmark fylke. Stor innvandring fra Finland på 1800-tallet har preget både språk og byggeskikk. Tyske okkupasjonsstyrker rakk ikke å brenne byen da de trakk seg tilbake i 1944. En del av den eldre bebyggelse sto igjen, mens 2/3 av byen lå i ruiner etter bombeangrep.

Vadsø on the Varangerfjord is the administrative centre for Finnmark county. Major immigration from Finland in the 1800s has influenced both the language and building design. German occupying forces did not manage to raze the town when they retreated in 1944. Some of the older buildings remained; however, 2/3 of the town was in ruins after bombing raids.

Vadsø am Varangerfjord ist das Verwaltungszentrum Finnmarks. Die starke Einwanderung aus Finnland im 19. Jh. hat Sprache und Bauform geprägt. Der deutschen Besatzung ist es nicht gelungen, beim Rückzug 1944 die Stadt total abzubrennen, ein Teil der alten Bebauung ist erhalten geblieben, doch 2/3 der Stadt lagen nach dem Bombenangriff in Ruinen.

Située au bord du fjord de Varanger, Vadsø est le chef-lieu du département du Finnmark. La grande immigration finlandaise du XIXè siècle a marqué ses coutumes architecturales et liguistiques. L'occupant nazi n'eut pas le temps de brûler la ville lors de sa retraite en 1944 et une partie de la ville fut ainsi préservée alors que 2/3 de la ville fut détruite par les bombes.

Elva Karasjokka slynger seg fram over Finnmarksvidda. Ved en av buktene ligger tettstedet Karasjok, et administrativt og kulturelt sentrum med flere viktige institusjoner for samer i Norge. Sametinget holder til i bygningen øverst til høyre. Under til høyre den nye kirka fra 1974. Man finner knivsmie og andre former for kunsthåndverk i Karasjok, og man finner norgesrekorden i lav temperatur. Nyttårsdagen 1886 viste termometeret –51,4 grader Celsius.

The river Karasjokka winds its way across the Finnmark plains. Along the river lies the community of Karasjok, an administrative and cultural centre for Sámi in Norway. The Sametinget (Sámi Parliament) is located in the building at the top right. Below, right, is the new church from 1974. There is also a knifesmith's workshop and other types of handicrafts in Karasjok. Karasjok holds the record for the coldest temperature ever measured in Norway. On New Year's Day in 1886, the thermometer indicated a chilly -54.4 degrees Celsius.

Der Fluss Karasjokka windet sich durch die Finnmarksvidda. In einer der Schleifen liegt der Ort Karasjok, ein administratives und kulturelles Zentrum der Samen in Norwegen. Im Gebäude oben rechts sitzt das Sameting (samisches Parlament). Unten rechts die neue Kirche von 1974. Hier gibt es Kunsthandwerk, wie z.B. eine Messerschmiede, und die tiefsten Temperaturen in Norwegen. Am Neujahrstag 1886 zeigte das Thermometer –51,4° C.

Le plateau du Finnmark est traversé par la rivière Karasjokka et sur les berges de l'un de ses méandres se trouve le village de Karasjok, centre administratif et culturel pour la population Sami.Le bâtiment en haut à droite est l'assemblée Sami. Dessous à droite la nouvelle église construite en 1974. Karasjok a une grande coutellerie ainsi que d'autres formes d'artisanat. Record norvégien de basse température à la St Sylvestre de 1886 avec –51,4° Celsius.

Tettstedet Kautokeino ligger ved Kautokeinoelva. Kautokeino kommune er Norges største med et areal på nesten 10 000 kvadratkilometer. Folketallet ligger på ca. 3000. Kautokeino er også landets største reindriftskommune med lange tradisjoner som sentrum for samisk kultur. En reiselivsnæring i vekst kan by på opplevelser som jakt og fiske, elvebåtturer, skuterkjøring og reinkjøring.

The community of Kautokeino is located along the Kautokeino River. The municipality is Norway's largest, with an area of almost 10 000 square kilometres. The population is approx. 3 000. Kautokeino is also the country's largest reindeer herding municipality with long traditions as a centre of Sámi culture. A developing tourist industry offers experiences such as hunting, fishing, riverboat trips, snowmobile tours and reindeer driving.

Der Ort Kautokeino liegt am Kautokeino-Fluss. Die Gemeinde Kautokeino ist mit fast 10 000 km² die größte in Norwegen. Die Einwohnerzahl liegt bei 3000. Kautokeino hat auch die größte Rentierwirtschaft und eine lange Tradition als Zentrum der samischen Kultur. Der zunehmende Tourismus bietet Jagen und Fischen, Fahrten mit dem Flussboot, mit Schneemobilen und Rentierschlitten an.

Le village de Kautokeino est établie sur les berges de la rivière Kautokeinoelva. Sa kommune (env. 3000h) est la plus étendue de Norvège avec près de 10000 km². Kautokeino est aussi la plus grande commune d'élevage de rennes du pays avec de longues traditions comme centre de la culture sami. Le secteur touristique en plein essor vous invite à la chasse, la pêche, aux excursions en bateaux fluviaux, à des circuits en motoneige ou en traineaux à rennes.

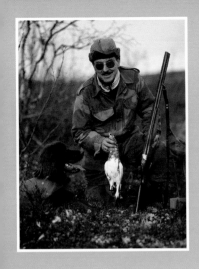

113

For Karasjok er turisme en næring i vekst. I Karasjokkavassdraget kan man fiske fra elvebredden eller padle seg fram over elver og vann. Man kan også bli med på tur i elvebåt om sommeren, eller forsøke å vaske ut noe av det gullet som finnes i Karasjokka eller en av vassdragets sideelver. Om vinteren kan man fiske på islagte elver og vann. Man kan også besøke en reinby og delta i kappkjøring med rein.

For Karasjok, tourism is a growth industry. In the Karasjokka water course it is possible to fish from the riverside or to take a kayak across the river and lakes. It is also possible to take a riverboat trip in the summer, or to try your hand at gold panning in Karasjokka or one of its tributaries. In the winter, frozen rivers and lakes offer fishing opportunities. Another popular activity is to visit a reindeer village and to take part in reindeer racing.

In Karasjok wächst der Tourismus. In dem Gewässersystem rund um Karasjok kann man vom Ufer aus angeln, über Flüsse und Seen paddeln, eine Fahrt mit dem Flussboot machen oder im Karasjokka und seinen Nebenflüssen versuchen, Gold zu waschen. Im Winter kann man auf Flüssen und Seen eisangeln, Rentierlager besuchen und an Rentierrennen teilnehmen.

À Karasjok le tourisme est un secteur en croissance. Dans le bassin de la Karasjokka vous pouvez pêcher de la rive ou canoter par lacs et rivières. L'été on peut aussi rejoindre une excursion en bateau fluvial ou essayer l'orpaillage dans la Karasjokka ou l'un des ses affluents. L'hiver on peut pêcher au trou sur les fleuves et les lacs glacés. Vous pourrez aussi visiter un camp de rennes et participer à une course de rennes.

Norges lengste hengebru går over landets beste lakseelv, Tanaelva i Øst-Finnmark. Brua på 220 m sto ferdig i 1948. Omkring 1970 startet en bosetting som etter hvert vokste til tettstedet Tana bru, nå administrasjonssted for Tana kommune. I et gammelt, restaurert tømmerhus fra Finland (øverst t.v.) finner man en gull- og sølvsmie basert på samisk tradisjon. Samisk draktkunst og kunsthåndverk holdes også i hevd ved Tana bru.

Norway's longest suspension bridge spans over the country's best salmon river, Tana River in Eastern Finnmark. The bridge, which is 220 m in length, was completed in 1948. Around 1970 the population grew into what is now the community of Tana bru, which is now the administrative centre for Tana municipality. In an old, restored log house from Finland (top, left), there is a gold and silver smithy based on Sámi traditions. Sámi costume art and handicrafts are also preserved at Tana bru.

Norwegens längste Hängebrücke führt über den besten Lachsfluss des Landes, den Tanafluss in Ostfinnmark. Die 220 m hohe Brücke wurde 1948 fertig gestellt. Ab 1970 entwickelte sich eine Besiedlung, die heute den Ort Tana bru bildet, das Verwaltungszentrum der Gemeinde Tana. In einem restaurierten finnischen Holzhaus findet man eine Gold- und Silberschmiede mit samischer Tradition. Weiteres samisches Kunsthandwerk ist ebenfalls vertreten.

Le plus long pont suspendu (220m - construit en 1948) de Norvège passe au-dessus de la meilleure rivière à saumon du pays, la Tana dans le Finnmark de l'Est. Une colonisation y démarra vers 1970 qui devint le village de Tana Bru, chef-lieu de la commune de Tana. Dans une vieille cabane finlandaise de plein-bois restaurée (dessus à gauche) se trouve un argentier de tradition sami. L'art vestimentaire et l'artisanat samis se cultivent aussi dans la région.

Kirkenes er endepunkt for Hurtigruten. Byen ligger på samme breddegrad som Tromsø, men omtrent 15 grader lenger øst. Nærheten til Russland preger byen. 10 prosent av innbyggerne er russere, og gateskiltene har også kyrillisk skrift. Grensen voktes av soldater fra de to land. Trafikken på grenseovergangen er stor. Turisme er blitt den viktigste næring i det tidligere så tradisjonsrike gruvesamfunnet, og vinterens snøhotell er en av attraksjonene, i tillegg til andre naturopplevelser.

Kirkenes is the end destination for the Hurtigruten. The town lies on the same latitude as Tromsø, but approx. 15 degrees further east. The Russian influence is clear. 10% of the population is Russian and street signs are also in the Cyrillic alphabet. There is a great deal of traffic at the border which is monitored by soldiers from both countries. Tourism has become the most important industry in this former mining community and the winter snow hotel has become a major attraction, in addition to other nature experiences.

Kirkenes ist der Endpunkt der Hurtigrute. Die Stadt liegt auf demselben Breitengrad wie Tromsø, aber ca. 15° weiter östlich. Sie wird durch die Nähe zu Russland geprägt. 10% der Einwohner sind Russen, die Straßen sind auch kyrillisch beschriftet. Die Grenze mit ihrem starken Grenzverkehr wird von beiden Seiten bewacht. Tourismus ist heute in der ehemaligen Bergwerksstadt der wichtigste Wirtschaftszweig. Im Winter ist das Schneehotel eine besondere Attraktion.

Kirkenes est le terminus de Express Côtier. La ville se trouve sur la même latitude que Tromsø, mais à environ 15° plus à l'est. La proximité de la Russie caractérise la ville car 10% des habitants sont russes et les noms des rues sont aussi écrits en cyrillique. La frontière est gardée par des soldats des deux pays et son point de passage est très fréquenté. Dans cette région à tradition minière le tourisme est devenu le secteur le plus important. En plus de nombreuses aventures naturelles, son hôtel de neige est l'une de ses attractions hivernales.

Når midnattssola speiler seg i havet, når hvalen ruller over vannspeilet, da er det sommer i Nord-Norge. I slike netter glemmer man de skuffende grå, våte dager i en kort sommer. I solglansen ved dag eller natt løftes sinnene, og en hver ekte nordlending kan underskrive dikteren Elias Blix´ ord: "Når netter er ljose som dagar, kan han ingen stad venare sjå."

When the midnight sun reflects in the ocean and the whales breach the surface – then it is definitively summer in Northern Norway. On such nights, it is easy to forget the disappointing, grey and wet days of an all too brief summer. In the sunshine, whether day or night, spirits are lifted and every real northerner will confirm the poet Elias Blix' words: "When the nights are as light as day, there can be no finer place".

Wenn die Mitternachtssonne sich im Meer spiegelt und der Wal sich darüber hinwegrollt, dann ist Sommer in Nordnorwegen. In den Nächten des kurzen Sommers vergisst man die trüben Tage. Im Sonnenglanz bei Tag und Nacht erholen sich die Sinne und man unterschreibt gern die Worte des Dichters Elias Blix: „Wenn die Nächte so hell sind wie die Tage, kann es nirgendwo schöner sein."

Lorsque le soleil de minuit se reflète sur la mer, lorsque les baleines jouent en surface, c'est l'été. Lors de telles nuits, on oublie les tristes jours pluvieux d'un été trop court. Dans l'éclat du soleil de jour ou de nuit, les esprits s'élèvent et chaque nordique peut confirmer les paroles du poête Elias Blix: "*Quand les nuits comme jour sont claires, lieu plus beau il ne sait voir*".

Utgiver og distribusjon:

To-Foto AS, Pb 76, 9481 Harstad, Norway.
www.tofoto.no - epost: post@tofoto.no
Tlf: 77 04 06 00 - Fax: 77 04 06 25

Manus og bilderegi:
Bjørn Rasch-Tellefsen og Roar Edvardsen

Foto:
Bjørn Rasch-Tellefsen, Tommy Simonsen,
Mads Paaske Tellefsen og Roar Edvardsen

Layout og design:
Roar Edvardsen

Tekst:
Malvin Karlsen

Oversettelse ved Noricom Nord AS

Følgende har også levert bilder:
Rolf Ørjan Høgset s.10 og 11, Bjørn Dahle s.19, Stein Lihall s. 62, Ola Røe s.87, Knut Stokmo s.87,
Erik Joachimsen s.89, Jens-Petter Mathisen s.95 og Lars Helge Jensen s.102-103

ISBN 978-82-995501-9-2